Diogenes Taschenbuch 20832

Friedrich Dürrenmatt

Werkausgabe
in dreißig Bänden

*Herausgegeben
in Zusammenarbeit
mit dem Autor*

Band 2

Friedrich Dürrenmatt

Romulus der Große

Eine ungeschichtliche [without historic basis]
historische Komödie [historical]
in vier Akten
Neufassung 1980

Diogenes

Umschlag: Detail aus ›Der Bastard mit seinem Halbbruder vor König Johann‹ von Friedrich Dürrenmatt.

Romulus der Große (2. Fassung 1957) erschien erstmals 1958 im Verlag der Arche, Zürich.

Aufführungs-, Film-, Funk- und TV-Rechte:
Weltvertrieb: Reiss AG, Theaterverlag, Sprecherstraße 8, CH-8032 Zürich.

Alle Rechte vorbehalten, insbesondere das der Aufführung durch Berufs- und Laienbühnen, des öffentlichen Vortrags, der Verfilmung und Übertragung durch Rundfunk und Fernsehen, auch einzelner Abschnitte.

Diese Rechte sind nur vom Reiss Theaterverlag zu erwerben. Vertrieb für Deutschland: Felix Bloch Erben, Verlag für Bühne, Film, Funk, Hardenbergstraße 6, D-10623 Berlin.

Der vorliegende Text basiert im wesentlichen auf der zweiten (1957) und vierten Fassung (1964); diese *Neufassung 1980* hat Friedrich Dürrenmatt eigens für diese Ausgabe geschrieben. Die erste Fassung des Stücks, aus der hier im Anhang der vierte Akt abgedruckt wird, erschien 1956 als Bühnenmanuskript im Reiss Bühnenvertrieb, Basel.

Das Fragment aus *Kaiser und Eunuch* und die dazugehörige *Einleitung* werden hier erstmals veröffentlicht.

Redaktion: Thomas Bodmer.

Inhalt

Allgemeine Anmerkung
zu der Endfassung 1980 meiner Komödien

Es ging mir, im Gegensatz zu den verschiedenen Fassungen, die vorher einzeln im Arche-Verlag erschienen sind, bei den Fassungen für die Werkausgabe nicht darum, die theatergerechten, das heißt die gestrichenen Fassungen herauszugeben, sondern die literarisch gültigen. Literatur und Theater sind zwei verschiedene Welten: Außer den Komödien, die ich nur für die Theater schrieb, *Play Strindberg* und *Porträt eines Planeten*, die Übungsstücke für Schauspieler darstellen und die ich als Regisseur schrieb, gebe ich im Folgenden – die ersten Stücke tastete ich nicht an – die dichterische Fassung wieder, eine Zusammenfassung verschiedener Versionen.

F. D.

Romulus der Große

Eine ungeschichtliche historische
Komödie in vier Akten
Neufassung 1980

Der große Kunstgriff, kleine Abweichungen von der Wahrheit für die Wahrheit selbst zu halten, worauf die ganze Differentialrechnung gebaut ist, ist auch zugleich der Grund unserer witzigen Gedanken, wo oft das Ganze hinfallen würde, wenn wir die Abweichungen in einer philosophischen Strenge nehmen würden.

Lichtenberg

Personen

Romulus Augustus	*Kaiser von Westrom*
Julia	*seine Frau*
Rea	*seine Tochter*
Zeno der Isaurier	*Kaiser von Ostrom*
Ämilian	*Römischer Patrizier*
Mares	*Kriegsminister*
Tullius Rotundus	*Innenminister*
Spurius Titus Mamma	*Reiterpräfekt*
Achilles	*Kämmerdiener*
Pyramus	*Kämmerdiener*
Apollyon	*Kunsthändler*
Cäsar Rupf	*Industrieller*
Phylax	*Schauspieler*
Odoaker	*Fürst der Germanen*
Theoderich	*sein Neffe*
Phosphoridos	*Kämmerer*
Sulphurides	*Kämmerer*
	Ein Koch
	Dienstmänner
	Germanen

Zeit: Vom Morgen des 15. bis zum Morgen des 16. März
vierhundertsechsundsiebzig nach Christi Geburt

Ort: Villa des Kaisers Romulus in Campanien

Geschrieben im Winter 1948/49
Uraufführung im Stadttheater Basel
am 25. April 1949

Erster Akt

Man zählt das Jahr vierhundertsechsundsiebzig, als an einem frühen Märzmorgen der Präfekt Spurius Titus Mamma auf verendendem Pferd den kaiserlichen Sommersitz in Campanien erreicht, den seine Majestät auch winters bewohnt. Er springt ab, verdreckt, mühsam, den linken Arm in einem blutverschmierten Verband, stolpert, scheucht unermeßliche Scharen von gackernden Hühnern auf, eilt, da er niemanden findet, durch die Villa, betritt endlich des Kaisers Arbeitszimmer. Zuerst scheint ihm auch hier alles leer, öde. Nur einige Stühle, wackelig, halb zerfallen, an den Wänden die ehrwürdigen Büsten der Staatsmänner, Denker und Dichter der römischen Geschichte. Alle mit etwas übertrieben ernsten Gesichtern ...

SPURIUS TITUS MAMMA Hallo! Hallo!

Schweigen. Doch bemerkt der Präfekt endlich zu beiden Seiten der Türe in der Mitte des Hintergrundes zwei uralte Kammerdiener, grau, unbeweglich wie Statuen, Pyramus und Achilles, seit Jahren im Dienste der Imperatoren. Der Präfekt starrt sie verwundert an, gebannt von der ehrwürdigen Erscheinung.

SPURIUS TITUS MAMMA Hallo!
PYRAMUS Ruhe, junger Mann.

ACHILLES Wer sind Sie denn?

SPURIUS TITUS MAMMA Spurius Titus Mamma, Präfekt der
Reiterei.

PYRAMUS Was wollen Sie denn?

SPURIUS TITUS MAMMA Ich muß den Kaiser sprechen.

ACHILLES Angemeldet?

SPURIUS TITUS MAMMA Keine Zeit für Formalitäten. Ich
bringe schlimme Nachricht aus Pavia.

Die beiden Kammerdiener sehen sich nachdenklich an.

PYRAMUS Schlimme Nachricht aus Pavia.

ACHILLES *schüttelt den Kopf.* Pavia ist eine zu unbedeu-
tende Stadt, als daß die Nachricht wirklich schlimm
sein könnte.

SPURIUS TITUS MAMMA Das römische Weltreich kracht zusammen!

Er ist einfach fassungslos über die Ruhe der beiden.

PYRAMUS Unmöglich.

Achilles schüttelt erneut den Kopf.

ACHILLES Ein so großes Unternehmen wie das römische Imperium kann gar nicht vollständig zusammenkrachen.

SPURIUS TITUS MAMMA Die Germanen kommen!

ACHILLES Die kommen schon seit fünfhundert Jahren,
Spurius Titus Mamma.

*Der Präfekt packt den Kammerdiener Achilles und rüttelt
ihn wie eine morsche Säule.*

SPURIUS TITUS MAMMA Es ist meine patriotische Pflicht, den Kaiser zu sprechen! Auf der Stelle!

ACHILLES Wir halten einen Patriotismus nicht für wünschenswert, der zu einem kultivierten Betragen im Gegensatz steht.

SPURIUS TITUS MAMMA O Gott!

Er läßt Achilles entmutigt fahren und wird nun von Pyramus begütigt.

PYRAMUS Ein Wink, junger Mann. Begeben Sie sich zum Oberhofmeister, schreiben Sie sich in die Liste der angekommenen Personen ein, suchen Sie beim Innenminister um die Bewilligung nach, dem Hofe eine wichtige Nachricht zu überbringen, und Sie werden Ihre Botschaft dem Kaiser vielleicht sogar persönlich im Laufe der nächsten Tage melden dürfen.

Der Präfekt weiß nicht mehr, was er denken soll.

SPURIUS TITUS MAMMA Zum Oberhofmeister!

PYRAMUS Rechts um die Ecke, dritte Türe links.

SPURIUS TITUS MAMMA Zum Innenminister!

PYRAMUS Siebente Türe rechts.

SPURIUS TITUS MAMMA *immer noch fassungslos* Um meine schlimme Nachricht im Laufe der nächsten Tage zu melden.

ACHILLES Im Laufe der nächsten Wochen.

SPURIUS TITUS MAMMA Unglückseliges Rom! An zwei Kammerdienern bist du zu Fall gekommen!

Er rennt verzweifelt nach links hinaus, die beiden versteinern wieder.

ACHILLES Ich stelle, erschüttert fest, daß die Sitte des Jahrhunderts abnimmt, je mehr dies zunimmt.

PYRAMUS Wer unsern Wert verkennt, schaufelt Rom das Grab.

Durch die Türe zwischen den beiden Kammerdienern kommt der Kaiser Romulus Augustus. Purpurtoga, auf dem Kopf ein goldener Lorbeerkranz. Seine Majestät ist über fünfzig, ruhig, behaglich und klar.

PYRAMUS UND ACHILLES Salve Cäsar.

ROMULUS Salve. Sind heute die Iden des März?

ACHILLES Zu Befehl, mein Kaiser, die Iden des März.

Er verneigt sich.

ROMULUS Ein historisches Datum. Nach dem Gesetz sind an diesem Tage die Beamten und Angestellten meines Reichs zu besolden. Ein alter Aberglaube. Um die Ermordung der Kaiser zu verhindern. Holt den Finanzminister.

Achilles flüstert ihm etwas ins Ohr.

ROMULUS Geflüchtet?

PYRAMUS Mit der Staatskasse, mein Kaiser.

ROMULUS Warum? Es war ja nichts drin.

ACHILLES Er hofft, auf diese Weise den allgemeinen Bankrott der staatlichen Finanzen zu verschleiern.

ROMULUS Ein kluger Mann. Wer einen großen Skandal verheimlichen will, inszeniert am besten einen kleinen. Es sei ihm der Titel ›Retter des Vaterlandes‹ verliehen. Wo befindet er sich jetzt?

ACHILLES Er hat eine Stelle als Prokurist in einer Wein-
exportfirma in Syrakus angenommen.

ROMULUS Hoffen wir, daß es diesem treuen Beamten gelingt, sich von den Verlusten, die der Staatsdienst mit
sich bringt, im bürgerlichen Handel zu erholen. Da!

*Er nimmt den Lorbeerkranz von seinem Kopf, bricht
zwei Blätter ab, die er den beiden überreicht.*

ROMULUS Es lasse sich jeder sein goldenes Lorbeerblatt in
Sesterzen umrechnen. Gebt mir aber das Geld wieder
zurück nach Abzug der geschuldeten Summe. Ich
sollte damit noch den Koch bezahlen, den wichtigsten
Mann meines Reichs.

PYRAMUS UND ACHILLES Zu Befehl, o Kaiser.

ROMULUS Bei Antritt meiner Regierung befanden sich
sechsunddreißig Blätter an diesem goldenen Kranze,
dem Sinnbild kaiserlicher Macht, jetzt nur noch fünf.

*Er betrachtet nachdenklich seinen Lorbeerkranz und
setzt ihn wieder auf.*

ROMULUS Das Morgenessen.

PYRAMUS Das Frühstück.

ROMULUS Das Morgenessen. Was in meinem Hause klas-
sisches Latein ist, bestimme ich.

*Der Alte trägt ein Tischlein herein, auf dem sich das
Morgenessen befindet. Vorerst Schinken, Brot, Spargelwein, eine Schale mit Milch, ein Ei in einem Becher.
Achilles trägt einen Stuhl herbei, der Kaiser setzt sich,
klopft das Ei auf.*

ROMULUS Augustus hat nichts gelegt?

PYRAMUS Nichts, mein Kaiser.

ROMULUS Tiberius?

PYRAMUS Die Julier nichts.

ROMULUS Die Flavier?

PYRAMUS Domitian. Doch von dem wünschen Majestät ausdrücklich kein Ei zu verspeisen.

ROMULUS Domitian war ein schlechter Kaiser. Er kann Eier legen, soviel er will, ich esse sie nicht.

PYRAMUS Zu Befehl, mein Kaiser.

Majestät löffelt das Ei aus.

ROMULUS Von wem ist dieses Ei?

PYRAMUS Wie gewöhnlich von Marc Aurel.

ROMULUS Eine brave Henne. Die andern Kaiser sind nichts wert. Hat sonst noch jemand gelegt?

PYRAMUS Odoaker.

Er ist etwas geniert.

ROMULUS Sieh mal.

PYRAMUS Zwei Eier.

ROMULUS Enorm. Und mein Feldherr Orestes, der diesen Germanenfürsten besiegen soll?

PYRAMUS Nichts.

ROMULUS Nichts. Ich habe nie viel von ihm gehalten. Ich möchte ihn heute abend mit Kastanien gefüllt auf meinem Tische sehen.

PYRAMUS Sehr wohl, Majestät.

Majestät ißt Schinken und Brot.

ROMULUS Von der Henne meines Namens weißt du mir nichts zu berichten?

PYRAMUS Sie ist das edelste und begabteste Tier, das wir besitzen, ein Spitzenprodukt römischer Geflügelzucht.

ROMULUS Legt es, das edle Tier?

Pyramus sieht Achilles hilfesuchend an.

ACHILLES Fast, Majestät.

ROMULUS Fast? Was soll das heißen? Entweder legt ein Huhn oder es legt nicht.

ACHILLES Noch nicht, mein Kaiser.

Majestät macht eine entschlossene Handbewegung.

ROMULUS Überhaupt nicht. Wer nichts taugt, taugt in der Pfanne. Der Koch soll mit mir und Orestes auch Caracalla zubereiten.

PYRAMUS Caracalla haben Sie vorgestern mit Philippus Arabs zu den Spargeln gegessen, Majestät.

ROMULUS Dann soll er meinen Amtsvorgänger Julius Nepos nehmen, der hat auch nichts getaugt. Und in Zukunft möchte ich auf meinem Morgentische die Eier der Henne Odoaker finden, die meine volle Sympathie besitzt. Es muß sich hier um eine erstaunliche Begabung handeln. Man soll von den Germanen nehmen, was sie Gutes hervorbringen, wenn sie schon einmal kommen.

Von links stürzt der Innenminister Tullius Rotundus totenbleich herein.

TULLIUS ROTUNDUS Majestät!

ROMULUS Was willst du von deinem Kaiser, Tullius Rotundus?

TULLIUS ROTUNDUS Es ist entsetzlich! Es ist grauenvoll!

ROMULUS Ich weiß, mein lieber Innenminister, ich habe dir seit zwei Jahren die Besoldung nicht bezahlt, und heute, wo ich es hätte tun wollen, ist der Finanzminister mit der Staatskasse durchgebrannt.

TULLIUS ROTUNDUS Unsere Lage ist so katastrophal, daß niemand an Geld denkt, mein Kaiser.

Majestät trinkt Milch.

ROMULUS Da habe ich wieder einmal Glück gehabt.

TULLIUS ROTUNDUS Der Präfekt Spurius Titus Mamma ist zwei Tage und zwei Nächte durchgaloppiert, um Majestät schlimme Nachricht aus Pavia zu bringen.

ROMULUS Zwei Tage und zwei Nächte? Allerhand. Man schlage ihn für diese sportliche Leistung zum Ritter.

TULLIUS ROTUNDUS Ich führe Ritter Spurius Titus Mamma sogleich vor Eure Majestät.

ROMULUS Ist er denn nicht müde, Innenminister?

TULLIUS ROTUNDUS Er ist dem körperlichen und seelischen Zusammenbruch nahe.

ROMULUS Dann führe ihn ins ruhigste Gastzimmer meines Hauses, Tullius Rotundus. Auch Sportler müssen schlafen.

Der Innenminister stutzt.

TULLIUS ROTUNDUS Aber die schlimme Meldung, Majestät?

ROMULUS Eben. Auch die schlimmste Meldung klingt aus dem Munde eines wohlausgeruhten, frisch gebadeten und rasierten Menschen, der gut gegessen hat, noch ganz angenehm. Er soll morgen kommen.

Der Innenminister ist fassungslos.

TULLIUS ROTUNDUS Majestät! Es handelt sich um eine weltumstürzende Meldung!

ROMULUS Meldungen stürzen die Welt nie um. Das tun die Tatsachen, die wir nun einmal nicht ändern können, da sie schon geschehen sind, wenn die Meldungen eintreffen. Die Meldungen regen die Welt nur auf, man gewöhne sie sich deshalb so weit als möglich ab.

Tullius Rotundus verneigt sich verwirrt und geht links hinaus. Pyramus stellt einen großen Rindsbraten vor Romulus auf.

ACHILLES Kunsthändler Apollyon.

Der Kunsthändler Apollyon kommt von links, elegant, griechisch gekleidet. Verneigt sich.

APOLLYON Majestät.

ROMULUS Ich mußte drei Wochen auf dich warten, Kunsthändler Apollyon.

APOLLYON Verzeihung, Majestät, ich war in Alexandrien auf einer Auktion.

ROMULUS Du ziehst eine Versteigerung in Alexandrien dem Konkurs des römischen Imperiums vor?

APOLLYON Geschäfte, Majestät, Geschäfte.

ROMULUS Na und? Bist du nicht mit den Büsten zufrieden gewesen, die ich dir verkauft habe? Besonders der Cicero war ein kostbares Stück.

APOLLYON Ein Sonderfall, Majestät. Habe fünfhundert Gipsabdrücke an die Gymnasien verschicken können, die man jetzt überall in den germanischen Urwäldern errichtet.

ROMULUS Um Gottes willen, Apollyon, Germanien wird zivilisiert?

APOLLYON Das Licht der Vernunft läßt sich nicht aufhalten. Wenn die Germanen ihr Land zivilisieren, brechen sie nicht mehr ins römische Reich ein.

Majestät zerschneidet den Rindsbraten.

ROMULUS Wenn die Germanen nach Italien oder Gallien kommen, zivilisieren wir sie, aber wenn sie in Germanien bleiben, zivilisieren sie sich selbst, und das muß fürchterlich werden. Willst du nun die übrigen Büsten kaufen oder nicht?

Der Kunsthändler sieht sich um.

APOLLYON Ich muß sie noch einmal gründlich untersuchen. Für Büsten ist die Nachfrage gering, eigentlich gehen heute nur die von großen Boxern und üppigen Hetären. Außerdem scheinen mir einige etwas zweifelhaften Stils.

ROMULUS Jede Büste hat den Stil, den sie verdient. Achilles, gib dem Apollyon eine Leiter.

Achilles reicht dem Kunsthändler eine kleine Leiter, die

der Grieche besteigt, um nun während des Folgenden mit
der Untersuchung der Büsten beschäftigt zu sein, bald auf
der Leiter, bald niedersteigend, die Leiter weiterschie-
bend. Von rechts kommt die Kaiserin Julia.

JULIA Romulus!
ROMULUS Liebe Frau?
JULIA Wenn du wenigstens in diesem Augenblick nicht
    frühstücken würdest!

Majestät legt Gabel und Messer nieder.

ROMULUS Wie du willst, meine Julia.
JULIA Ich bin in großer Sorge, Romulus. Oberhofmeister
    Äbius hat mir zu verstehen gegeben, daß eine schreck-
    liche Nachricht eingetroffen ist. Nun traue ich zwar
    Äbius nicht recht, denn er ist ein Germane und heißt
    doch eigentlich Äbi –
ROMULUS Äbius ist der einzige Mensch, der alle fünf
    Weltsprachen, Lateinisch, Griechisch, Hebräisch,
    Germanisch und Chinesisch, fließend zu reden ver-
    steht, wobei ich freilich zugebe, daß Germanisch und
    Chinesisch mir ein und dasselbe zu sein scheinen. Aber
    wie es auch sei, Äbius ist so gebildet, wie dies über-
    haupt kein Römer sein kann.
JULIA Du bist direkt germanophil, Romulus.
ROMULUS Unsinn, ich liebe sie noch lange nicht so wie
    meine Hühner.
JULIA Romulus!
ROMULUS Bring das Gedeck meiner Frau und Odoakers
    erstes Ei, Pyramus.
JULIA Ich muß dich bitten, an mein krankes Herz zu
    denken.

ROMULUS Drum setz dich und iß.

Die Kaiserin setzt sich seufzend links an den Tisch.

JULIA Willst du mir nun endlich die schreckliche Nachricht mitteilen?

ROMULUS Ich kenne sie nicht. Der Eilbote, der sie brachte, schläft.

JULIA Dann laß ihn wecken, Romulus!

ROMULUS Denk an dein Herz, liebe Frau.

JULIA Als Landesmutter ...

ROMULUS Als Landesvater bin ich vielleicht Roms letzter Kaiser und nehme schon aus diesem Grunde eine etwas trostlose Stellung in der Weltgeschichte ein. Ungünstig komme ich auf alle Fälle weg. Nur einen Ruhm lasse ich mir nicht rauben: Man soll von mir nicht sagen dürfen, ich hätte jemals den Schlaf eines Menschen unnötigerweise gestört.

Von rechts kommt Prinzessin Rea.

REA Guten Tag, Vater.

ROMULUS Guten Tag, meine Tochter.

REA Gut geschlafen?

ROMULUS Seit ich Kaiser bin, schlafe ich immer gut.

Rea setzt sich rechts an den Tisch.

ROMULUS Pyramus, bring das Gedeck der Prinzessin und Odoakers zweites Ei.

REA Oh, hat Odoaker ein zweites Ei gelegt?

ROMULUS So ein Germane legt immer. Willst du Schinken?

REA Nein.

ROMULUS Kalten Rindsbraten?

REA Nein.

ROMULUS Ein Fischchen?

REA Auch nicht.

ROMULUS Spargelwein? *Er runzelt die Stirne.*

REA Nein, Vater.

ROMULUS Seit du beim Schauspieler Phylax dramatischen Unterricht nimmst, hast du keinen Appetit mehr. Was studierst du denn?

REA Das Klagelied der Antigone, bevor sie in den Tod geht.

ROMULUS Studiere nicht diesen alten, traurigen Text, übe dich in der Komödie, das steht uns viel besser.

Die Kaiserin ist empört.

JULIA Romulus, du weißt genau, daß sich dies für ein Mädchen nicht schickt, dessen Bräutigam seit drei Jahren in germanischer Gefangenschaft schmachtet.

ROMULUS Beruhige dich, Frau. Wer so aus dem letzten Loch pfeift wie wir alle, kann nur noch Komödien verstehen.

ACHILLES Kriegsminister Mares bittet Majestät sprechen zu dürfen. Es sei dringend.

ROMULUS Es ist seltsam, daß sich immer dann der Kriegsminister meldet, wenn ich über Literatur spreche. Er soll nach dem Morgenessen kommen.

JULIA Melde dem Kriegsminister, die kaiserliche Familie freue sich, ihn zu sehen, Achilles.

Achilles verbeugt sich und geht nach links. Majestät wischt sich mit der Serviette den Mund ab.

ROMULUS Du bist wieder übertrieben martialisch, liebe
    Frau.

Der Kriegsminister kommt von links, verbeugt sich.

MARES Majestät.

ROMULUS Es ist merkwürdig, wie bleich heute meine
    Hofbeamten sind. Schon beim Innenminister ist mir
    dies aufgefallen. Was willst du, Mares?

MARES Als für den Verlauf des Krieges gegen die Germa-
    nen verantwortlicher Minister muß ich Majestät auf-
    fordern, den Präfekten der Reiterei, Spurius Titus
    Mamma, auf der Stelle zu empfangen.

ROMULUS Schläft denn der Sportler immer noch nicht?

MARES Es ist eines Soldaten unwürdig zu schlafen, wenn
    er seinen Kaiser in Not weiß.

ROMULUS Das Pflichtbewußtsein meiner Offiziere fängt
    an mir lästig zu werden.

Die Kaiserin erhebt sich.

JULIA Romulus!

ROMULUS Liebste Julia?

JULIA Gleich wirst du den Spurius Titus Mamma emp-
    fangen.

Pyramus flüstert dem Kaiser etwas ins Ohr.

ROMULUS Das ist ganz unnötig, Frau. Eben meldet Pyra-
    mus, Odoaker habe ein drittes Ei gelegt.

JULIA Romulus, dein Reich wankt, deine Soldaten opfern
    sich, und du sprichst unablässig von deinem Federvieh!

ROMULUS Das ist völlig legitim, seit die Gänse das Kapitol gerettet haben. Ich brauche Spurius Titus Mamma nicht mehr. Der Germanenfürst Odoaker hat Pavia erobert, denn das Huhn seines Namens hat drei Eier gelegt. So viel Übereinstimmung ist noch in der Natur, oder es gibt keine Weltordnung.

Bestürzung.

REA Mein Vater!

JULIA Das ist nicht wahr!

MARES Es ist leider die Wahrheit, Majestät. Pavia ist gefallen. Rom erlitt die bitterste Niederlage seiner Geschichte. Der Präfekt überbrachte die letzten Worte des Feldherrn Orestes, der mit seinem ganzen Heere in germanische Gefangenschaft fiel.

ROMULUS Ich kenne die letzten Worte meiner Feldherren, bevor sie in germanische Gefangenschaft fallen: Solange noch eine Ader in uns lebt, gibt keiner nach. Das hat noch jeder gesagt. Melde dem Präfekten der Reiterei, Kriegsminister, er solle sich endgültig schlafen legen.

Mares verneigt sich stumm und geht nach links hinaus.

JULIA Du mußt etwas tun, Romulus, du mußt sofort etwas tun, sonst sind wir verloren!

ROMULUS Ich werde heute nachmittag eine Proklamation an meine Soldaten entwerfen.

JULIA Deine Legionen sind bis zum letzten Mann zu den Germanen übergelaufen.

ROMULUS Dann werde ich Mares zum Reichsmarschall ernennen.

JULIA Mares ist ein Trottel.

ROMULUS Das stimmt, aber es fällt heutzutage auch keinem vernünftigen Menschen mehr ein, Kriegsminister des römischen Imperiums zu werden. Ich lasse ein Kommuniqué über meine gute Gesundheit veröffentlichen.

JULIA Das nützt doch nichts!

ROMULUS Du kannst von mir doch unmöglich verlangen, daß ich mehr tue als regieren, liebe Frau.

Apollyon ist von seiner Leiter gestiegen, hat sich dem Kaiser genähert und zeigt ihm eine Büste.

APOLLYON Für diesen Ovid biete ich drei Goldstücke, Majestät.

ROMULUS Vier. Ovid war ein großer Dichter.

JULIA Was ist dies für ein Mensch, Romulus?

ROMULUS Das ist der Kunsthändler Apollyon aus Syrakus, dem ich meine Büsten verkaufe.

JULIA Du kannst doch unmöglich die bedeutenden Dichter, Denker und Staatsmänner von Roms großer Vergangenheit verschleudern!

ROMULUS Wir haben Ausverkauf.

JULIA Denke daran, daß diese Büsten das einzige sind, das dir mein Vater Valentinianus hinterlassen hat.

ROMULUS Du bist ja auch noch da, liebe Frau.

REA Ich halte das einfach nicht mehr aus! *Sie steht auf.*

JULIA Rea!

REA Ich gehe die Antigone studieren! *Sie geht nach rechts hinaus.*

JULIA Siehst du, auch deine Tochter versteht dich nicht mehr!

ROMULUS Das kommt nur vom dramatischen Unterricht.

APOLLYON Drei Goldstücke und sechs Sesterzen. Mein
letztes Angebot, Majestät.

ROMULUS Nimm noch einige Büsten, wir rechnen dann
en gros ab.

*Apollyon besteigt seine Leiter aufs neue. Von links stürzt
der Innenminister herein.*

TULLIUS ROTUNDUS Majestät!

ROMULUS Was willst du wieder, Tullius Rotundus?

TULLIUS ROTUNDUS Zeno der Isaurier, der Kaiser von
Ostrom, bittet um Asyl.

ROMULUS Zeno der Isaurier? Ist denn der auch nicht
sicher in seinem Konstantinopel?

TULLIUS ROTUNDUS Niemand ist mehr sicher in dieser
Welt.

ROMULUS Wo ist er denn?

TULLIUS ROTUNDUS Im Vorzimmer.

ROMULUS Brachte er seine Kämmerer Sulphurides und
Phosphoridos mit?

TULLIUS ROTUNDUS Die einzigen, die sich mit ihm flüchten konnten.

ROMULUS Wenn der Sulphurides und der Phosphorides
draußen bleiben, darf der Zeno hereinkommen.
Byzantinische Kämmerer sind mir zu förmlich.

TULLIUS ROTUNDUS Sehr wohl, mein Kaiser.

*Von links stürzt Kaiser Zeno der Isaurier herein, bedeu-
tend kostbarer und eleganter gekleidet als sein weströmi-
scher Kollege.*

ZENO Ich grüße dich, erhabener kaiserlicher Bruder.
ROMULUS Ich grüße dich.
ZENO Ich grüße dich, erhabene kaiserliche Schwester!
JULIA Ich grüße dich, erhabener kaiserlicher Bruder!

Umarmungen.

ZENO *wirft sich in die Stellung eines Asyl suchenden
ostromischen Kaisers.* Hilfe erbitt ich –
ROMULUS Ich bestehe nicht darauf, daß du die sicher
zahlreichen Verse rezitierst, die das byzantinische
Zeremoniell einem Kaiser vorschreibt, wenn er um
Asyl bitten will, lieber Zeno.
ZENO Ich möchte meine Kämmerer nicht düpieren.
ROMULUS Ich habe sie gar nicht hereingelassen.
ZENO Gut. So will ich heute ausnahmsweise die vorge-
schriebene Formel nicht aufsagen. Ich bin erschöpft.
Seit ich Konstantinopel verlassen habe, mußte ich die
unzähligen Verse des ›Hilfe erbitt ich‹ ungefähr drei-
mal täglich vor allen möglichen politischen Persönlich-
keiten vortragen. Meine Stimme ist ruiniert.
ROMULUS Setz dich.
ZENO Danke schön.

*Er setzt sich erleichtert an den Tisch, doch stürzen in
diesem Augenblick seine beiden Kämmerer herein, beide
in strengen schwarzen Gewändern.*

DIE BEIDEN Majestät!
ZENO Mein Gott! Nun sind die Kämmerer doch herein-
geschlüpft!
SULPHURIDES Die Klageverse, Majestät.

ZENO Ich habe sie schon vorgetragen, Sulphurides und
lieber Phosphoridos.

SULPHURIDES Unmöglich, Majestät. Ich appelliere an
Ihren Stolz. Sie sind kein flüchtender Privatmann, Sie
sind ein emigrierter oströmischer Kaiser und haben
sich als solcher freudig dem byzantinischen Hofzeremoniell zu unterwerfen, mag dies noch so unverständlich sein. Dürfen wir nun bitten?

ZENO Wenn es unbedingt sein muß.

PHOSPHORIDOS Es muß sein, Majestät. Das byzantinische
Hofzeremoniell ist nicht nur ein Gleichnis der Welt-
ordnung, sondern ist diese Weltordnung auch selber.
Das sollten Sie nun einmal begriffen haben. Also los,
Majestät, beschämen Sie Ihre Kämmerer nicht länger.

ZENO Ich will ja.

SULPHURIDES Drei Schritte zurück, Majestät.

PHOSPHORIDOS Trauerstellung, Majestät.

ZENO

    Hilfe erbitt ich, o Mond in des Weltalls finsterer
    Nacht, Hilfe suchend –

SULPHURIDES Gnade suchend –

ZENO

    Gnade suchend nahe ich dir, es sei der Mond –

PHOSPHORIDOS Die Sonn –

ROMULUS Mares!

Von links Mares.

MARES Mein Kaiser?

ROMULUS Wirf die beiden byzantinischen Kämmerer hinaus und sperr sie in den Hühnerhof!

MARES Sehr wohl, mein Kaiser.

SULPHURIDES Wir protestieren!
PHOSPHORIDOS Feierlich und energisch!

Endlich sind sie von Mares zur Tür hinausgedrängt worden.

ZENO Gott sei Dank, nun sind die Kämmerer draußen.
ROMULUS Dazu habe ich ja auch die halbe Armee aufge-
    boten, die mir noch geblieben ist.
ZENO Ich bin wie verschüttet, unter einem Wust von
    Formeln und Regeln begraben, sind sie bei mir. Ich
    muß mich stilistisch richtig bewegen, stilistisch reden,
    stilistisch essen und trinken, es ist vor lauter Stil nicht
    auszuhalten. Doch kaum sind sie fort, fühle ich wieder
    die alte Kraft meiner isaurischen Väter in mir erwa-
    chen, den alten felsenfesten Glauben – ist dein Hüh-
    nerhof auch solide vergittert?
ROMULUS Du kannst dich darauf verlassen. Pyramus,
    bring ein Gedeck für den Zeno und ein Ei.
PYRAMUS Wir haben nur noch das Ei Domitians.
ROMULUS Das ist für diesen Fall schon recht.
ZENO Eigentlich stehen wir seit sieben Jahren im Krieg
    miteinander. Nur die gemeinsame germanische Gefahr
    verhinderte einen größeren Zusammenprall unserer
    Heere. *Er ist etwas verlegen.*
ROMULUS Krieg? Davon weiß ich ja gar nichts.
ZENO Aber ich habe dir doch Dalmatien genommen.
ROMULUS Hat mir denn das einmal gehört?
ZENO Es wurde in der letzten Reichsteilung dir zuge-
    sprochen.
ROMULUS Unter uns Kaisern gesagt, ich habe schon lange
    keine Übersicht mehr in der Weltpolitik. Warum hast
    du denn Konstantinopel verlassen müssen?

ZENO Meine Schwiegermutter Verina hat sich mit den Germanen verbündet und mich vertrieben.

ROMULUS Merkwürdig. Dabei standest du mit den Germanen doch prächtig.

ZENO Romulus! *Er ist gekränkt.*

ROMULUS Du hattest dich mit ihnen verbündet, um deinen eigenen Sohn als Kaiser abzusetzen, soweit ich über die komplizierten Verhältnisse am byzantinischen Stuhl informiert bin.

JULIA Romulus!

ZENO Die Germanen überfluten unsere Reiche. Die Dämme sind mehr oder weniger eingerissen. Wir können nicht mehr getrennt marschieren. Wir dürfen uns den Luxus kleinlicher Verdächtigungen zwischen unseren beiden Imperien nicht leisten. Wir müssen jetzt unsere Kultur retten.

ROMULUS Wieso, ist Kultur etwas, das man retten kann?

JULIA Romulus!

Der Kunsthändler hat sich inzwischen mit einigen Büsten dem Kaiser genähert.

APOLLYON Für die beiden Gracchen, Pompejus, Scipio und Cato zwei Goldstücke, acht Sesterzen.

ROMULUS Drei Goldstücke.

APOLLYON Gut, aber ich nehme Marius und Sulla dazu. *Er klettert wieder auf die Leiter.*

JULIA Romulus, ich verlange, daß du jetzt diesen Antiquitätenhändler auf der Stelle fortschickst.

ROMULUS Das können wir uns unmöglich leisten, Julia. Das Hühnerfutter ist noch nicht bezahlt.

ZENO Ich staune. Eine Welt geht in Flammen auf, und

man reißt hier faule Witze. Täglich sterben Tausende
von Menschen, und hier wurstelt man weiter. Was hat
das Hühnerfutter mit den heranrückenden Barbaren
zu tun?

ROMULUS Ich habe schließlich auch meine Sorgen.

ZENO Man scheint hier die Weltgefahr des Germanismus
noch bei weitem nicht in ihrer vollen Größe erkannt zu
haben. *Er trommelt mit den Fingern auf den Tisch.*

JULIA Das sage ich auch immer.

ZENO Die Erfolge der Germanen sind nicht aus materiel-
len Gründen zu erklären. Wir müssen tiefer sehen.
Unsere Städte ergeben sich, unsere Soldaten laufen
über, unsere Völker glauben nicht mehr an uns, weil
wir an uns selbst zweifeln. Wir müssen uns aufraffen,
Romulus, uns auf unsere alte Größe besinnen, uns
Cäsar, Augustus, Trajan, Konstantin in Erinnerung
rufen. Es gibt keinen anderen Weg, ohne den Glauben
an uns und an unsere weltpolitische Bedeutung sind
wir verloren.

ROMULUS Also gut. Glauben wir.

Schweigen. Man sitzt in gläubiger Haltung da.

ZENO Du glaubst? *Er ist etwas unsicher.*

ROMULUS Felsenfest.

ZENO An unsere alte Größe?

ROMULUS An unsere alte Größe.

ZENO An unsere geschichtliche Sendung?

ROMULUS An unsere geschichtliche Sendung.

ZENO Und du, Kaiserin Julia?

JULIA Ich habe immer daran geglaubt.

Zeno ist erleichtert.

ZENO Ein großartiges Gefühl, nicht? Man spürt förmlich den positiven Zug, der auf einmal durch diese Räume weht! War aber auch höchste Zeit!

Alle drei sitzen gläubig da.

ROMULUS Und jetzt?

ZENO Was willst du damit sagen?

ROMULUS Nun glauben wir.

ZENO Das ist die Hauptsache.

ROMULUS Was soll jetzt geschehen?

ZENO Unwichtig.

ROMULUS Etwas müssen wir jetzt doch tun bei dieser Geisteshaltung.

ZENO Das kommt von selbst. Wir müssen nur eine Idee finden, die wir dem Schlagwort der Germanen ›Für Freiheit und Leibeigenschaft‹ entgegensetzen können. Ich schlage vor ›Für Sklaverei und Gerechtigkeit!‹

ROMULUS Ich weiß nicht.

ZENO ›Für Willkür gegen Barbarei‹.

ROMULUS Auch nicht. Ich bin mehr für einen praktischen, realisierbaren Wahlspruch. Zum Beispiel ›Für Hühnerzucht und Landwirtschaft‹.

JULIA Romulus!

Mares stürzt von links herein. Er ist außer sich.

MARES Die Germanen marschieren gegen Rom!

Zeno und Julia springen entsetzt auf.

ZENO Wann geht das nächste Schiff nach Alexandrien?

ROMULUS   Morgen um halb neun. Was willst du dort?

ZENO   Den Kaiser von Abessinien um Asyl bitten. Ich
will von dort aus meinen unbeugsamen Kampf gegen
den Germanismus fortsetzen.

Die Kaiserin faßt sich langsam.

JULIA   Romulus, die Germanen marschieren gegen Rom,
und du frühstückst immer noch!

Romulus erhebt sich feierlich.

ROMULUS   Das Vorrecht der Politiker. Ich befördere dich
zum Reichsmarschall, Mares.

MARES   Ich werde Rom retten, o Kaiser! *Er fällt auf die
Knie und schwingt sein Schwert.*

ROMULUS   Du hast mir gerade noch gefehlt. *Er setzt sich
wieder.*

MARES   Es kann uns nur noch eines helfen: die totale
Mobilmachung. *Er steht entschlossen auf.*

ROMULUS   Was ist denn das für ein Wort?

MARES   Das habe ich gerade jetzt erfunden. Totale Mobilmachung ist die Bezeichnung für die vollständige
Zusammenfassung aller Kräfte einer Nation zu militärischen Zwecken.

ROMULUS   Das gefällt mir schon rein stilistisch nicht.

MARES   Die totale Mobilmachung muß alle Teile des
Imperiums erfassen, die noch nicht vom Feind besetzt
worden sind.

ZENO   Der Mann hat recht. Wir können uns nur durch die
totale Mobilmachung retten. Das ist genau die Idee, die
wir suchen. ›Rüste dich total‹, das leuchtet jedem ein.

ROMULUS Der Krieg ist schon seit der Erfindung des Knüttels ein Verbrechen, und wenn wir jetzt noch die totale Mobilmachung einführen, wird er ein Unsinn. Ich stelle dir die fünfzig Mann meiner Leibwache zur Verfügung, Reichsmarschall.

MARES Majestät, die fünfzig Mann sind längst geflüchtet.

ROMULUS Dann komm ohne sie aus, Reichsmarschall.

MARES Majestät! Odoaker besitzt eine Armee von hunderttausend gut ausgerüsteten Germanen, und mir steht nur noch mein Adjutant zur Verfügung.

ROMULUS Je größer ein Feldherr, desto weniger Truppen braucht er.

MARES So tief ist ein römischer Feldherr noch nie beleidigt worden.

Er salutiert und geht links hinaus.
Apollyon hat inzwischen alle Büsten bis auf die mittlere heruntergeholt.

APOLLYON Für den ganzen Rummel gebe ich zehn Goldstücke.

ROMULUS Es wäre mir doch lieb, wenn du von Roms großer Vergangenheit respektierlicher reden würdest, Apollyon.

APOLLYON Das Wort Rummel betrifft nur den antiquarischen Wert der vorliegenden Hinterlassenschaft und bedeutet kein historisches Urteil.

ROMULUS Du mußt mir aber die zehn Goldstücke sofort auszahlen.

APOLLYON Wie immer, Majestät. Eine Büste lasse ich stehen. Sie stellt den König Romulus dar. *Er zählt zehn Goldstücke aus.*

ROMULUS Aber mein Namensvetter hat doch schließlich Rom gegründet!

APOLLYON Eine Schülerarbeit. Deshalb zerbröckelt sie schon.

Inzwischen ist der Kaiser von Ostrom ungeduldig geworden.

ZENO Du hast mich diesem Herrn noch gar nicht vorgestellt, Romulus.

ROMULUS Das ist der Kaiser von Ostrom, Zeno der Isaurier, Apollyon.

APOLLYON Majestät! *Er verbeugt sich kühl.*

ZENO Besuchen Sie doch einmal die Insel Patmos, die mir treu geblieben ist, lieber Apollyon. Ich besitze dort viele eigenartige griechische Altertümer.

APOLLYON Das läßt sich machen, Majestät.

ZENO Da ich morgen nach Alexandrien fahre, dürfte ich vielleicht um einen kleinen Vorschuß –

APOLLYON Tut mir leid. Ich gewähre prinzipiell an kaiserliche Häuser keinen Vorschuß. Die Zeiten sind turbulent, die politischen Institutionen unstabil, das Interesse der Kundschaft wendet sich von der Antike ab und dem germanischen Kunstgewerbe zu, die Kunst der Primitiven wird Trumpf. Ein Greuel, doch über Geschmack läßt sich nicht streiten. Ich darf mich nun von den Majestäten verabschieden.

ROMULUS Es tut mir leid, Apollyon, daß du mitten in den allgemeinen Zusammenbruch meines Reiches geraten bist.

APOLLYON O bitte, Majestät. Als Antiquar lebe ich ja schließlich davon. Hinsichtlich der Büsten, die jetzt

den Wänden entlang stehen, schicke ich einige Dienstmänner.

*Er verbeugt sich noch einmal und geht links ab. Der
Kaiser von Ostrom schüttelt nachdenklich den Kopf.*

ZENO Ich weiß nicht, Romulus, ich habe schon seit Jahren keinen Kredit mehr bekommen. Ich sehe immer
mehr ein, daß wir einen völlig unrentablen Beruf
haben.

Von links kommt der Innenminister Tullius Rotundus.

TULLIUS ROTUNDUS Majestät!
ROMULUS Schläft der Sportler endlich, Tullius Rotundus?
TULLIUS ROTUNDUS Es handelt sich nicht um Spurius Titus
Mamma, es handelt sich um Cäsar Rupf.
ROMULUS Den kenne ich nicht.
TULLIUS ROTUNDUS Eine wichtige Persönlichkeit. Er
schrieb Eurer Majestät einen Brief.
ROMULUS Seit ich Kaiser bin, lese ich keine Briefe. Was ist
er denn?
TULLIUS ROTUNDUS Hosenfabrikant. Der Hersteller jener
germanischen Kleidungsstücke, die man über die Beine
zieht und die jetzt auch bei uns Mode werden.
ROMULUS Ist er reich, Innenminister?
TULLIUS ROTUNDUS Unermeßlich.
ROMULUS Endlich ein vernünftiger Mensch.
JULIA Du wirst ihn sofort empfangen, Romulus.
ZENO Ich habe den unfehlbaren Instinkt, daß der uns
retten wird.
ROMULUS Ich lasse den Hosenfabrikanten bitten.

*Von links kommt Cäsar Rupf, eine mächtige dicke Figur,
reich gekleidet. Er geht direkt auf Zeno zu, ihn für den
Kaiser haltend, der ihn verlegen auf Romulus weist. In
der Hand hält Cäsar Rupf einen breiten Reisehut antiker
Form. Knappe Verbeugung.*

CÄSAR RUPF Kaiser Romulus.

ROMULUS Sei gegrüßt. Das ist meine Frau, die Kaiserin
Julia, und dies der Kaiser von Ostrom, Zeno der
Isaurier.

Cäsar Rupf nickt ein wenig.

ROMULUS Was willst du von mir, Cäsar Rupf?

CÄSAR RUPF Mein Geschlecht stammt eigentlich aus Germanien, ist jedoch schon zur Zeit des Kaisers Augustus
in Rom angesiedelt und seit dem ersten Jahrhundert
führend in der Textilbranche. *Gibt Romulus seinen Hut.*

ROMULUS Das freut mich. *Er gibt den Hut Zeno, der ihn
verblüfft hält.*

CÄSAR RUPF Als Hosenfabrikant gehe ich aufs Ganze,
Majestät.

ROMULUS Selbstverständlich.

CÄSAR RUPF Ich bin mir eiskalt bewußt, daß die konserva-
tiven Kreise Roms gegen die Hosen sind, wie immer,
wenn wieder einmal eine Erleuchtung dämmert.

ROMULUS Wo die Hose anfängt, hört die Kultur auf.

CÄSAR RUPF Dieses Bonmot können Sie sich als Kaiser
natürlich leisten, aber ich als ein Mann der unvernebel-
ten Wirklichkeit sage mir ganz nüchtern, daß der Hose
die Zukunft gehört. Ein moderner Staat, der keine
Beinkleider trägt, geht todsicher in die Binsen. Daß die

Germanen Hosen tragen und so erstaunliche Fort-
schritte machen, beruht auf einem Urzusammenhang,
der zwar den ewigen Staatsmännern, die nie in die
Tiefe denken, vollkommen schleierhaft sein muß, aber
für einen Geschäftsmann sonnenklar ist. Nur Rom in
Hosen wird dem Ansturm der germanischen Horden
gewachsen sein.

ROMULUS Wenn ich deine optimistische Einstellung hätte,
lieber Cäsar Rupf, würde ich dann aber auch selber in
eines dieser sagenhaften Kleidungsstücke schlüpfen.

CÄSAR RUPF Ich habe klipp und klar geschworen, erst eine
Hose zu tragen, wenn auch dem hintersten Gemüt ein
Kirchenlicht aufgegangen ist, daß ohne Beinkleider die
Menschheit zusammenpacken kann. Das ist Berufs-
ehre, Majestät, da kenne ich keine Flausen. Entweder
dringt die Hose durch, oder Cäsar Rupf dankt ab.

ROMULUS Was hast du mir für Vorschläge zu machen?

CÄSAR RUPF Majestät, hier ist die Weltfirma Cäsar Rupf
und hier das römische Imperium, das müssen Sie zugeben.

ROMULUS Gewiß.

CÄSAR RUPF Schenken wir uns ein klares Wasser ein, das von
keinen Sentimentalitäten getrübt ist. Hinter mir stehen
ein paar Milliarden Sesterzen und hinter Ihnen der
pure Abgrund.

ROMULUS Man kann den Unterschied nicht besser formulieren.

CÄSAR RUPF Zuerst habe ich mir gedacht, ich kaufe mir
das römische Imperium ganz einfach auf.

*Der Kaiser kann seine freudige Erregung nicht ganz
unterdrücken.*

ROMULUS Darüber müssen wir uns ernstlich unterhalten, Cäsar Rupf. Auf alle Fälle schlage ich dich zum Ritter. Ein Schwert, Achilles.

CÄSAR RUPF Danke, Majestät, ich habe schon alle überhaupt möglichen Orden aufgekauft. Sehn Sie, um eiskalt zu reden, ich bin doch wieder vom Kauf abgekommen. Das römische Imperium ist so heruntergewirtschaftet, daß die Renovation sogar für eine Weltfirma teuer zu stehen käme, ohne daß man wüßte, ob sich das lohnt. Wir haben dann einen Riesenstaat, und das ist auch wieder nichts. Entweder ist man Weltfirma oder Imperium, und da muß ich schon ausdrücklich sagen, lieber Weltfirma, das rentiert besser. Ich bin gegen den Kauf, Kaiser Romulus, aber ich bin nicht gegen Liaison.

ROMULUS Wie stellst du dir denn eine Verbindung zwischen dem Imperium und deiner Firma vor?

CÄSAR RUPF Rein organisch, wie ich überhaupt als Geschäftsmann nur fürs Organische bin. Denke organisch, sonst machst du Pleite, ist meine Devise. Zuerst stellen wir die Germanen vor die Türe.

ROMULUS Gerade dies ist ziemlich schwierig.

CÄSAR RUPF Ein Kaufmann von Weltformat kennt das Wort Schwierigkeit nicht, wenn er über das nötige Kleingeld verfügt. Odoaker hat sich auf meine Anfrage hin schriftlich bereit erklärt, für eine Summe von zehn Millionen Italien zu räumen.

ROMULUS Odoaker?

CÄSAR RUPF Der germanische Feldherr.

ROMULUS Merkwürdig. Gerade ihn hielt ich nicht für käuflich.

CÄSAR RUPF Alle sind heute käuflich, Majestät.

ROMULUS Und was verlangst du von mir als Gegenleistung für diese Hilfe, Cäsar Rupf?

CÄSAR RUPF Wenn ich die zehn Millionen zahle und noch einige Milliönchen ins Imperium stecke, so daß sich das Ganze gerade noch knapp über Wasser hält, ohne abzusacken, wie das bei jedem gesunden Staat der Fall ist, verlange ich als Bedingung – abgesehen davon, daß die Hosen obligatorisch erklärt werden – Ihre Tochter Rea zur Frau, denn es ist sonnenklar, daß wir nur so die Liaison organisch untermauern können.

ROMULUS Meine Tochter ist mit einem verarmten Patrizier verlobt, der seit drei Jahren in germanischer Gefangenschaft schmachtet.

CÄSAR RUPF Sie sehen, Majestät, ich bin eiskalt. Sie müssen mir, ohne mit der Wimper zu zucken, zugeben, daß das römische Imperium nur noch durch eine solide Verbindung mit einer erfahrenen Firma gerettet werden kann, sonst kommen die Germanen, die schon vor Rom lauern, mit krachenden Riesenschritten heran. Sie werden mir heute nachmittag Ihre Antwort geben. Wenn nein, heirate ich die Tochter Odoakers. Die Firma Rupf muß an einen Erben denken. Ich bin in den besten Jahren, und die Stürme des Geschäftslebens, gegen die eure Schlachten nur Zimperlichkeiten sind, machten es mir bis jetzt unmöglich, das Glück in den Armen einer trauten Gemahlin zu suchen. Es ist nicht leicht, zwischen den beiden Möglichkeiten zu wählen. Wenn es auch politisch natürlicher wäre, ohne zu zögern die Germanin zu nehmen, so hat mich anderseits die Dankbarkeit meinem Gastlande gegenüber bewogen, Ihnen diesen Vorschlag zu machen, denn ich möchte nicht, daß die Firma Rupf auf dem

Forum der Geschichte in den Verdacht der Parteilich-
keit kommt.

*Er verbeugt sich knapp, reißt Zeno den Hut aus der Hand
und geht links hinaus. Die drei andern bleiben verblüfft
an ihrem Tische sitzen und schweigen.*

JULIA Romulus, du sprichst jetzt sofort mit Rea.

ROMULUS Was soll ich denn mit Rea reden, liebe Frau?

JULIA Sie wird sofort diesen Cäsar Rupf heiraten!

ROMULUS Das römische Imperium verkaufe ich ihm auf
der Stelle für eine Handvoll Sesterzen, aber es fällt mir
nicht ein, meine Tochter zu verschachern.

JULIA Rea wird sich freiwillig für das Imperium opfern.

ROMULUS Wir haben durch die Jahrhunderte hindurch so
viel dem Staat geopfert, daß es jetzt Zeit ist, daß sich
der Staat für uns opfert.

JULIA Romulus!

ZENO Wenn deine Tochter jetzt nicht heiratet, geht die
Welt unter.

ROMULUS Wir gehen unter. Das ist ein großer Unterschied.

ZENO Wir sind die Welt.

ROMULUS Wir sind Provinzler, denen eine Welt über den
Kopf wächst, die sie nicht begreifen können.

ZENO Ein Mensch wie du sollte nicht Kaiser von Rom
sein!

*Er schlägt die Faust auf den Tisch und geht rechts hinaus.
Von links kommen fünf schmerbäuchige Dienstmänner.*

ERSTER DIENSTMANN Wir kommen, um Büsten zu holen.

ROMULUS O bitte, sie stehen an den Wänden herum.

ERSTER DIENSTMANN Es sind Kaiser. Laßt keinen fallen, die gehen wie nichts kaputt.

Der Raum ist mit Dienstmännern angefüllt, die Büsten hinaustragen.

JULIA Romulus. Man nennt mich Julia die Landesmutter, und ich bin stolz auf diesen Ehrentitel. Und nun will ich auch als Landesmutter zu dir reden. Du sitzest den ganzen Tag beim Frühstück, du interessierst dich nur für deine Hühner, du empfängst den Eilboten nicht, du weigerst dich, das Land zu mobilisieren, du ziehst nicht gegen den Feind, du willst deine Tochter nicht dem geben, der uns allein retten kann. Was willst du denn eigentlich?

ROMULUS Ich möchte die Weltgeschichte nicht stören, liebe Julia.

JULIA Dann schäme ich mich, deine Frau zu sein! *Sie geht rechts hinaus.*

ROMULUS Trage das Gedeck hinaus, Pyramus. Ich habe mein Morgenessen beendet.

Er wischt sich mit der Serviette den Mund. Pyramus trägt den Tisch weg.

ROMULUS Das Wasser, Achilles.

Achilles bringt das Wasser. Romulus wäscht sich die Hände. Durch die Türe links stürzt Spurius Titus Mamma.

SPURIUS TITUS MAMMA Mein Kaiser! *Er fällt vor ihm auf die Knie.*

ROMULUS Wer bist du?

SPURIUS TITUS MAMMA Der Präfekt Spurius Titus Mamma.

ROMULUS Was willst du?

SPURIUS TITUS MAMMA In zwei Tagen und zwei Nächten
bin ich von Pavia hieher geritten. Sieben Pferde stürz-
ten unter mir tot zusammen, drei Pfeile verwundeten
mich, und wie ich ankam, ließ man mich nicht zu dir.
Hier, mein Kaiser, die Botschaft deines letzten Feldherrn Orestes, bevor er in die Hände der Germanen
fiel.

*Er hebt eine Pergamentrolle zu Romulus empor. Der
Kaiser bleibt unbeweglich.*

ROMULUS Du bist verwundet, erschöpft. Warum diese
unmäßige Anstrengung, Spurius Titus Mamma?

SPURIUS TITUS MAMMA Damit Rom lebe!

ROMULUS Rom ist längst gestorben. Du opferst dich
einem Toten, du kämpfst für einen Schatten, du lebst
für ein zerfallenes Grab. Geh schlafen, Präfekt, die
heutige Zeit hat dein Heldentum in eine Pose verwan-
delt!

*Er steht majestätisch auf und geht durch die Türe in der
Mitte des Hintergrundes hinaus. Spurius Titus Mamma
erhebt sich völlig verstört, wirft dann plötzlich die Botschaft des Orestes auf den Boden, stampft darauf herum
und schreit auf.*

SPURIUS TITUS MAMMA Rom hat einen schändlichen Kaiser!

Zweiter Akt

Nachmittag des unheilvollen Märztages vierhundertsechsundsiebzig. Park vor dem Landhause des Kaisers.
Überall Moos, Efeu, Unkraut, überall Gegacker, Kikeri-
kis. Hin und wieder fliegen Hühner über die Bühne,
besonders wenn jemand kommt. Im Hintergrund, arg
vom Federvieh mitgenommen, die Front der halb zerfallenen Villa mit einer Türe, von der eine Treppe in den
Park führt. Auf die Wände mit Kreide geschmiert: ›Es
lebe die Leibeigenschaft! Es lebe die Freiheit!‹ Doch
herrscht durchaus der Eindruck, man befinde sich in
einem Hühnerhof, auch wenn im Vordergrund rechts
einige Gartenstühle von zierlicher Form stehen, die einst
bessere Tage sahen. Manchmal ist die Szene in einen
düsteren Rauch gehüllt, der aus einem niedrigen Gebäude
dringt. Die Kanzlei, vielleicht links zu denken im rechten
Winkel zur Villa. Alles in allem: brütende Verzweiflung,
Weltuntergangszauber, après nous le déluge.
Personen: Auf einem Stuhl der Innenminister Tullius
Rotundus, auf einem andern der Kriegsminister Mares,
nun Reichsmarschall, wie wir wissen, in voller Rüstung,
schlafend, eine Karte Italiens über die Knie gebreitet,
Helm, Marschallstab daneben auf dem Boden. Der Schild
lehnt gegen die Hauswand, auch auf ihn ist die germanische Parole geschmiert. Spurius Titus Mamma, immer
noch verschmutzt und verbunden, geht mühsam an der
Wand der Kanzlei entlang, lehnt sich an die Mauer,
schleppt sich wieder weiter.

SPURIUS TITUS MAMMA Ich bin müde. Ich bin müde. Ich bin todmüde.

Aus der Türe der Villa kommt ein Koch mit weißer Schürze und hoher Mütze. Er geht lockend, das Messer auf dem Rücken, nach rechts in den Park. Die Hühner gackern verzweifelt auf.

DER KOCH Julius Nepos, Orestes, Romulus bibibibi …

Von links taucht Zeno der Isaurier auf, bleibt stehen und wischt sich die Sandale am Boden ab.

ZENO Ich bin schon wieder auf ein Ei getreten! Gibt es hier eigentlich nichts als Hühner?
TULLIUS ROTUNDUS Die Hühnerzucht ist die einzige Leidenschaft des Kaisers.

Von rechts rennt ein Eilbote in den Palast.

DER EILBOTE Die Germanen in Rom! Die Germanen in Rom!
TULLIUS ROTUNDUS Eine neue Unglücksbotschaft. So geht das den ganzen Tag.
ZENO Hoffentlich betet der Kaiser wenigstens jetzt in der Hofkapelle für seine Völker.
TULLIUS ROTUNDUS Der Kaiser schläft.
ZENO Schläft? Dann bin ich der einzige, der betet?
TULLIUS ROTUNDUS Ich fürchte, Majestät.
ZENO Da versucht man fieberhaft, die Zivilisation zu retten – was riecht denn hier so nach Rauch?
TULLIUS ROTUNDUS Wir verbrennen die Archive.

Zeno ist wie vom Donner gerührt.

ZENO Ihr – verbrennt – die Archive?
TULLIUS ROTUNDUS Die wertvollen Dokumente römischer
   Regierungskunst dürfen unter keinen Umständen in
   die Hände der Germanen geraten, und zum Abtrans-
   port fehlen uns die finanziellen Mittel.
ZENO Und da verbrennt man einfach die Archive, als ob
   es keinen Glauben an den Endsieg des Guten gäbe.
   Eurem Westrom ist wirklich nicht mehr zu helfen, es
   ist verderbt bis in die Knochen. Kein Elan, kein Mut –
   da, noch ein Ei! *Er wischt sich die Sandalen ab.*

Von rechts kommen die beiden Kämmerer.

DIE BEIDEN Majestät.
ZENO Die Kämmerer. Aus dem Hühnerhof entwichen.
   Er ist tödlich erschrocken.

Die beiden nehmen ihn an der Hand.

SULPHURIDES Nun wollen wir die Klage repetieren, Maje-
   stät. Das haben wir dringend nötig.
PHOSPHORIDOS Darf ich bitten, Zeno der Isaurier.
ZENO
   Hilfe erbitt ich, o Sonn –
SULPHURIDES O Mond –
ZENO
   O Mond in des Weltalls finsterer Nacht. Gnade
   suchend nahe ich dir, es sei der Mond –
PHOSPHORIDOS Die Sonn –
ZENO Die Sonn – da, wieder ein Ei!

Er wischt sich die Sandalen ab und wird von den Kämmerern nach links hinausgeführt.

SPURIUS TITUS MAMMA Hundert Stunden habe ich nicht geschlafen. Hundert Stunden.

Entsetzliches Hühnergegacker. Von rechts kommt der Koch und verschwindet in der Villa, in jeder Hand ein Huhn, ein weiteres unter den rechten Arm geklemmt, die Schürze blutbespritzt.

SPURIUS TITUS MAMMA Ich kann dieses ewige Hühnergegacker nicht mehr hören! Ich bin müde, ich bin einfach müde. Von Pavia in einem Galopp hieher und dabei der enorme Blutverlust.

TULLIUS ROTUNDUS Ich weiß.

SPURIUS TITUS MAMMA Sieben Pferde.

TULLIUS ROTUNDUS Ich weiß.

SPURIUS TITUS MAMMA Drei Pfeile.

TULLIUS ROTUNDUS Gehen Sie hinter die Villa. Da ist das Gegacker weniger schlimm.

SPURIUS TITUS MAMMA War ich schon. Dort nimmt die Prinzessin dramatischen Unterricht, und neben dem Teich übt jetzt der Kaiser von Ostrom Klagelieder.

MARES Ruhe! *Er schläft wieder ein.*

TULLIUS ROTUNDUS Sie sollten nicht so laut sprechen, sonst erwacht der Reichsmarschall.

SPURIUS TITUS MAMMA Ich bin unsäglich müde. Und dazu dieser Rauch, dieser stinkende, beißende Rauch!

TULLIUS ROTUNDUS So setzen Sie sich wenigstens.

SPURIUS TITUS MAMMA Wenn ich mich setze, schlafe ich ein.

TULLIUS ROTUNDUS Das halte ich für das Natürlichste,
was Sie bei Ihrer Müdigkeit tun können.
SPURIUS TITUS MAMMA Ich will nicht schlafen, ich will mich
rächen!

Der Reichsmarschall erhebt sich verzweifelt.

MARES Kann man hier eigentlich nicht in Ruhe konzipie-
ren? Strategie ist eine Angelegenheit der Intuition. Vor
dem blutigen Schnitt ist, wie bei der Chirurgie, innere
Sammlung nötig, nichts schadet einem Kriege mehr als
leichtfertiger Lärm im Hauptquartier.

*Er rollt verärgert die Landkarte zusammen, nimmt den
Helm, geht gegen das Haus, nimmt den Schild, stutzt.*

MARES Jemand hat feindliche Parolen auf meinen Schild
geschrieben. Auch die Hauswände sind verschmiert.
TULLIUS ROTUNDUS Das Dienstmädchen aus Helvetien.
MARES Man rufe das Kriegsgericht zusammen.
TULLIUS ROTUNDUS Dafür haben wir nun wirklich keine
Zeit, Reichsmarschall.
MARES Sabotage!
TULLIUS ROTUNDUS Personalmangel. Jemand muß schließ-
lich dem Oberhofmeister packen helfen.
MARES Sie können doch helfen. Ich wüßte nicht, was Sie
als Innenminister sonst noch zu tun hätten.
TULLIUS ROTUNDUS Ich muß die gesetzlichen Grundlagen
schaffen, die Residenz nach Sizilien zu verlegen.
MARES Ich lasse mich durch euren Defaitismus nicht be-
irren. Die strategische Lage wird stündlich günstiger. Sie
verbessert sich von Niederlage zu Niederlage. Je mehr

sich die Germanen in die Halbinsel hinunterwagen,
desto mehr geraten sie in eine Sackgasse, und wir
können sie von Sizilien und Korsika her mit Leichtigkeit über den Haufen rennen.

SPURIUS TITUS MAMMA Rennen Sie zuerst den Kaiser über
den Haufen!

MARES Wir können gar nicht verlieren. Die Germanen
haben keine Flotte. So sind wir auf den Inseln unangreifbar.

SPURIUS TITUS MAMMA Aber wir haben doch auch keine
Flotte! Was nützen uns dann die Inseln? Die Germanen werden unangreifbar in Italien sitzen.

MARES Dann bauen wir eben eine.

SPURIUS TITUS MAMMA Bauen? Der Staat ist bankrott!

TULLIUS ROTUNDUS Das laßt unsere spätere Sorge sein.
Das Hauptproblem ist gegenwärtig, wie wir nach Sizilien kommen.

MARES Ich werde einen Dreimaster herbeordern.

TULLIUS ROTUNDUS Einen Dreimaster? Den können wir
uns nicht leisten, sie sind sündhaft teuer. Treiben Sie
eine Brigg auf.

MARES Jetzt hat man mich auch noch zum Schiffsmakler
degradiert. *Er wankt in die Villa.*

SPURIUS TITUS MAMMA Ein Germane hat mir eins über den
Schädel gehauen.

TULLIUS ROTUNDUS Ich weiß.

SPURIUS TITUS MAMMA Sieben Pferde sind unter mir ge-
stürzt.

TULLIUS ROTUNDUS Das erzählen Sie andauernd.

SPURIUS TITUS MAMMA Ich bin ja so müde.

TULLIUS ROTUNDUS Ich hoffe nur, daß wir in Sizilien eine
Villa finden, deren Miete nicht zu unerschwinglich ist.

Gewaltiges Gegacker. Von links hinkt langsam die zerlumpte Gestalt Ämilians herein, hager und bleich, mit einer schwarzen Kappe, schaut sich um.

ÄMILIAN Die Villa des Kaisers in Campanien?

Der Innenminister betrachtet verblüfft die unheimliche Gestalt.

TULLIUS ROTUNDUS Wer sind Sie?
ÄMILIAN Ein Gespenst.
TULLIUS ROTUNDUS Was wünschen Sie?
ÄMILIAN Der Kaiser ist unser aller Vater, nicht wahr?
TULLIUS ROTUNDUS Für jeden Patrioten.
ÄMILIAN Ich bin ein Patriot. Ich bin gekommen, mein Vaterland zu besuchen. *Er schaut sich aufs neue um.* Ein schmutziger Hühnerhof. Ein verdrecktes Landhaus. Eine Kanzlei. Über dem Teich eine verwitterte Venus, Efeu, Moos, überall Eier versteckt im Unkraut – einige sind mir schon unter die Sohlen geraten – und irgendwo sicher ein schnarchender Kaiser.

In der Türe erscheint die Kaiserin.

JULIA Äbius! Äbius! Hat jemand den Oberhofmeister Äbi gesehen?
ÄMILIAN Die Landesmutter.
TULLIUS ROTUNDUS Hilft er denn nicht packen, Majestät?
JULIA Er ist seit heute morgen verschwunden.
TULLIUS ROTUNDUS Dann ist er schon geflüchtet.
JULIA Typisch germanisch.

Die Kaiserin verschwindet wieder.

SPURIUS TITUS MAMMA Dabei sind es die Römer, die
   flüchten!

*Er ist einen Moment lang zornig geworden, sinkt aber
wieder in sich zusammen, läuft dann, um nicht einzu-
schlafen, verzweifelt hin und her.*
Ämilian setzt sich in den Sessel des Reichsmarschalls.

ÄMILIAN Sie sind der Innenminister Tullius Rotundus?
TULLIUS ROTUNDUS Sie kennen mich?
ÄMILIAN Wir haben oft zusammen gegessen, Tullius
   Rotundus, oft in den Nächten des Sommers.
TULLIUS ROTUNDUS Ich erinnere mich nicht.
ÄMILIAN Wie sollten Sie auch. Ein Weltreich ist inzwi-
   schen untergegangen.
SPURIUS TITUS MAMMA Ich bin müde, ich bin einfach hun-
   demüde.

Erneutes Gegacker.
Aus der Villa kommt Mares zurück.

MARES Ich habe meinen Marschallstab vergessen.
ÄMILIAN Bitte sehr.

*Er gibt dem General den Marschallstab, der neben ihm
auf dem Boden liegt.*
Mares wankt in die Villa zurück.

TULLIUS ROTUNDUS Ich verstehe. Sie kommen von der
   Front und sind ein braver Mann. Sie haben Ihr Blut für
   das Vaterland vergossen. Kann ich etwas für Sie tun?

ÄMILIAN Können Sie etwas gegen die Germanen tun?

TULLIUS ROTUNDUS Das kann direkt heute niemand. Unser Widerstand ist auf lange Sicht berechnet. Gottes Mühlen mahlen langsam.

ÄMILIAN Dann können Sie für mich nichts tun.

Aus der Villa kommen die Dienstmänner mit Koffern.

EIN DIENSTMANN Wo sollen wir mit den Koffern der Kaiserin denn hin?

TULLIUS ROTUNDUS Nach Neapel hinunter.

Die Dienstmänner tragen die Koffer hinaus. Verzettelt. Noch während der folgenden Szenen ist hin und wieder einer zu sehen.

TULLIUS ROTUNDUS Es ist eine bittere Zeit, eine tragische Epoche, aber trotzdem: Ein so vollkommen durchorganisiertes juristisches Gebilde wie das römische Imperium steht auf Grund seiner inneren Werte auch die schlimmsten Krisen durch. Unsere höhere Kultur wird die Germanen besiegen.

SPURIUS TITUS MAMMA Ich bin unheimlich müde.

ÄMILIAN Lieben Sie Horaz? Schreiben Sie den besten Stil Italiens?

TULLIUS ROTUNDUS Ich bin Jurist.

ÄMILIAN Ich liebte Horaz. Ich schrieb den besten Stil Italiens.

TULLIUS ROTUNDUS Sie sind ein Dichter?

ÄMILIAN Ich war ein Wesen höherer Kultur.

TULLIUS ROTUNDUS So schreiben Sie wieder, so dichten Sie wieder. Der Geist besiegt das Fleisch.

ÄMILIAN Wo ich herkomme, haben die Fleischer den
  Geist besiegt.

*Erneutes Gegacker. Erneutes Herumflattern der Hühner.
Von rechts kommt der Villa entlang Rea mit Phylax,
einem Schauspieler.*

REA

  Seht ihr, des Vaterlandes Bürger,
  den letzten Weg gehen mich,
  und das letzte Licht
  anschaun der Sonne.
  Und nie das wieder?

SPURIUS TITUS MAMMA Ich kann keine Klassiker hören,
  sonst schlafe ich auf der Stelle ein! *Er wankt links
  hinaus.*

PHYLAX Fahren Sie fort, Prinzessin, wuchtiger, dramati-
  scher!

REA

  Der alles schweigende Todesgott,
  lebendig führt er mich
  zu der Hölle Ufer, und nicht zu Hymenäen
  berufen bin ich, noch ein bräutlicher singt
  mich, irgendein Lobgesang, dagegen
  dem Acheron bin ich vermählt!

PHYLAX Dagegen dem Acheron bin ich vermählt.

REA Dagegen dem Acheron bin ich vermählt.

PHYLAX Tragischer, Prinzessin, rhythmischer, mehr
  Schrei von innen heraus, mehr Seele, sonst kauft Ihnen
  diese unsterblichen Verse niemand ab. Man spürt, daß
  Sie noch keine richtige Vorstellung vom Acheron, vom
  Todesgotte haben. Sie sprechen von ihm wie von etwas

Abstraktem. Sie haben ihn noch nicht innerlich erlebt.
Er ist für Sie Literatur geblieben, nicht Wirklichkeit
geworden. Schade, jammerschade. Passen Sie mal auf:
Dagegen dem Acheron bin ich vermählt.

REA Dagegen dem Acheron bin ich vermählt.

Ämilian hat sich erhoben und steht nun vor der deklamie-
renden Prinzessin, die verwundert auf die Erscheinung
starrt.

REA Wer bist du?

ÄMILIAN Ich bin das, was zurückkommt, wenn man dort-
hin geht, wohin ich gegangen bin. Wer bist du?

REA Ich bin Rea, die Tochter des Kaisers.

ÄMILIAN Rea, die Tochter des Kaisers. Ich habe dich
nicht mehr erkannt. Du bist schön, aber ich vergaß
dein Gesicht.

REA Wir kannten uns?

ÄMILIAN Ich glaube mich zu erinnern.

REA Kommst du aus Ravenna? Spielten wir miteinander,
als wir Kinder waren?

ÄMILIAN Wir spielten miteinander, als ich ein Mensch
war.

REA Willst du mir nicht deinen Namen sagen?

ÄMILIAN Mein Name ist in meine linke Hand geschrieben.

REA So zeige mir diese Hand.

Er streckt seine linke Hand aus.

REA O, sie ist fürchterlich, deine Hand!

ÄMILIAN Soll ich sie zurückziehen?

REA Ich kann sie nicht mehr sehen.

Sie wendet sich ab.

ÄMILIAN Dann wirst du auch nie wissen, wer ich bin.

Er verbirgt die Hand wieder.

REA So gib mir deine Hand.

*Sie streckt ihre rechte Hand aus. Ämilian legt seine Linke
in die ihre.*

REA Der Ring! Der Ring Ämilians!
ÄMILIAN Der Ring deines Bräutigams.
REA Er ist tot.
ÄMILIAN Krepiert.
REA Fleisch ist stellenweise über den Ring gewachsen.

Sie starrt auf die Hand in der ihren.

ÄMILIAN Er ist eins mit meinem geschändeten Fleisch.
REA Ämilian! Du bist Ämilian!
ÄMILIAN Ich war es.
REA Ich erkenne dich nicht mehr, Ämilian.

Sie starrt ihn an.

ÄMILIAN Du wirst mich niemals mehr erkennen. Ich
komme aus germanischer Gefangenschaft zurück,
Tochter des Kaisers.

Sie stehen da und sehen sich an.

REA Drei Jahre habe ich auf dich gewartet.

ÄMILIAN In germanischer Gefangenschaft sind drei Jahre eine Ewigkeit. So lange soll man nicht auf einen Menschen warten.

REA Nun bist du da. Komm jetzt zu mir in das Haus meines Vaters.

ÄMILIAN Die Germanen kommen.

REA Wir wissen es.

ÄMILIAN Dann geh und nimm ein Messer.

REA *starrt ihn erschrocken an.* Wie meinst du das, Ämilian?

ÄMILIAN Ich meine, ein Weib kann mit einem Messer kämpfen.

REA Wir können nicht mehr kämpfen. Das römische Heer ist geschlagen. Wir besitzen keine Soldaten mehr.

ÄMILIAN Soldaten sind Menschen, und Menschen können kämpfen. Es sind noch viele Menschen hier. Weiber, Sklaven, Greise, Krüppel, Kinder, Minister. Geh, nimm ein Messer.

REA Das ist doch sinnlos, Ämilian. Wir müssen uns den Germanen ergeben.

ÄMILIAN Ich mußte mich vor drei Jahren den Germanen ergeben. Was haben sie aus mir gemacht, Tochter des Kaisers? Geh, nimm ein Messer.

REA Drei Jahre wartete ich auf dich. Tag für Tag, Stunde um Stunde, und jetzt fürchte ich mich vor dir.

ÄMILIAN Dagegen dem Acheron bin ich vermählt. Hast du nicht diese Verse zitiert? Sie sind wahr geworden, diese Verse. Geh, nimm ein Messer. Geh, geh!

Rea flüchtet in die Villa.

PHYLAX Aber Prinzessin! Der Unterricht ist doch noch
nicht zu Ende. Jetzt kommt erst der Höhepunkt, eine
ganz erhabene Stelle über den Acheron, die schönste
der klassischen Literatur.

*Sie verschwindet in der Villa. Der Schauspieler stürzt ihr
nach.*

TULLIUS ROTUNDUS Marcus Junius Ämilian, heimgekehrt
aus germanischer Gefangenschaft. Ich bin erschüttert.
ÄMILIAN Dann eilen Sie an die Front, sonst ist Ihre
Erschütterung Luxus.
TULLIUS ROTUNDUS Mein lieber Freund, Sie haben sicher
Schweres erlebt und verdienen unseren Respekt, doch
müssen Sie nun nicht gleich annehmen, daß wir in
der Residenz nichts durchgemacht hätten. Dazusitzen,
eine Hiobsbotschaft um die andere entgegennehmen
zu müssen und nicht helfen können ist wohl das
Schlimmste, was einem Politiker zustoßen kann.

Von links rennt ein Eilbote in die Villa.

DER EILBOTE Die Germanen marschieren auf der Via
Appia gegen Süden! Die Germanen marschieren auf
der Via Appia gegen Süden!
TULLIUS ROTUNDUS Sehn Sie. Gegen Süden. Sie marschieren direkt auf uns zu. Kaum sprechen wir von Hiobs-
botschaften, trifft eine neue ein.

In der Türe der Villa erscheint Mares.

MARES Weit und breit keine Brigg aufzutreiben.

TULLIUS ROTUNDUS Aber im Hafen von Neapel ist doch eine.

MARES Zu den Germanen übergesegelt.

TULLIUS ROTUNDUS Um Himmels willen, Reichsmarschall, wir müssen ein Schiff haben!

MARES Ich will es mit einem Fischerboot versuchen.

Er verschwindet wieder. Der Innenminister ist verärgert.

TULLIUS ROTUNDUS Da hat man alles vorbereitet, das Reich von Sizilien aus neu zu organisieren, da hat man soziale Reformen und eine Invalidenversicherung für Hafenarbeiter im Sinn, und nun stellt ein fehlendes Schiff alles in Frage!

Von links taumelt der Präfekt über die Bühne.

SPURIUS TITUS MAMMA Dieser Brandgeruch. Dieser ewige beizende Brandgeruch.

Hühnergegacker. Von links tritt Cäsar Rupf auf.

CÄSAR RUPF Meine Herren. Ich hoffe, es ist Ihnen eiskalt bewußt, daß nach dem Fall von Rom das Imperium keinen Pappenstil mehr wert ist. Zur wirtschaftlichen Pleite ist die militärische Patsche gekommen, aus der sich das römische Reich nicht mehr am eigenen Schopf herausziehen kann.

ÄMILIAN Wer sind Sie?

CÄSAR RUPF Cäsar Rupf, Inhaber der Weltfirma Rupf.

ÄMILIAN Was wollen Sie?

CÄSAR RUPF Es ist jedem auch nur halbwegs informierten Politiker sonnenklar, daß Rom nur gerettet werden kann, wenn ich einige Millionen springen lasse. Ich verlange auf meine grundehrliche Offerte eine anständige Antwort. Ja oder Nein. Jubelfeier oder Weltuntergang. Entweder ziehe ich mit einer Braut nach Hause, oder das Reich geht flöten.

ÄMILIAN Was wird hier gespielt, Innenminister?

TULLIUS ROTUNDUS Odoaker willigte ein, für eine Summe von zehn Millionen Italien zu räumen. Dieser – Hosenfabrikant – ist bereit, die Summe zu bezahlen.

ÄMILIAN Die Bedingung?

TULLIUS ROTUNDUS Er möchte die Prinzessin Rea heiraten.

ÄMILIAN Holen Sie die Prinzessin.

TULLIUS ROTUNDUS Sie meinen –

ÄMILIAN Und versammeln Sie den Hofstaat.

Der Innenminister geht in die Villa.

ÄMILIAN Sie sollen die Antwort auf Ihre Offerte erhalten, Hosenfabrikant.

Von rechts taumelt der Präfekt über die Bühne.

SPURIUS TITUS MAMMA Hundert Stunden habe ich nicht geschlafen. Hundert Stunden. Ich bin müde, ich bin einfach zum Umfallen müde.

In der Türe der Villa erscheinen Rea und Tullius Rotun-

dus, Zeno, Mares, die beiden Kämmerer Sulphurides und
Phosphoridos.

REA Du ließest mich rufen, Ämilian?

ÄMILIAN Komm zu mir.

Rea kommt langsam zu Ämilian.

ÄMILIAN Du hast drei Jahre auf mich gewartet, Tochter
    des Kaisers.

REA Drei Jahre, Tag für Tag, Nacht um Nacht, Stunde
    für Stunde.

ÄMILIAN Du liebst mich.

REA Ich liebe dich.

ÄMILIAN Mit deiner ganzen Seele?

REA Mit meiner ganzen Seele.

ÄMILIAN Du tätest alles, was ich von dir verlange?

REA Ich werde alles tun.

ÄMILIAN Du nähmest auch ein Messer?

REA Ich werde ein Messer nehmen, wenn du es willst.

ÄMILIAN So unerhört ist deine Liebe, Tochter des Kai-
    sers?

REA Meine Liebe zu dir ist unermeßlich. Ich erkenne
    dich nicht mehr, aber ich liebe dich. Ich fürchte mich
    vor dir, aber ich liebe dich.

ÄMILIAN Dann heirate diesen prächtigen kugelrunden
    Bauch und gebär ihm Kinder.

Er zeigt auf Cäsar Rupf.

ZENO Endlich ein vernünftiger Weströmer!

DER HOF Heiraten, Prinzessin, heiraten!

TULLIUS ROTUNDUS Bring dem Vaterland, dem teuren, dies Opfer dar, mein Mädchen!

Alle starren hoffnungsvoll auf Rea.

REA Ich soll dich verlassen?

ÄMILIAN Du sollst mich verlassen.

REA Ich soll einen anderen lieben?

ÄMILIAN Du sollst den lieben, der dein Vaterland retten kann.

REA Ich liebe dich doch!

ÄMILIAN Darum werfe ich dich fort.

REA Du willst mich so schänden, wie du geschändet bist?

ÄMILIAN Wir müssen das Nötige tun. Unsere Schande wird Italien füttern, durch unsere Schmach wird es wieder zu Kräften kommen.

REA Das kannst du doch nicht von mir verlangen, wenn du mich liebst.

ÄMILIAN Das kann ich nur von dir verlangen, weil du mich liebst.

Sie starrt ihn entsetzt an.

ÄMILIAN Du wirst gehorchen, Tochter des Kaisers. Deine Liebe ist unermeßlich.

REA Ich werde gehorchen.

ÄMILIAN Du wirst sein Weib sein.

REA Ich werde sein Weib sein.

ÄMILIAN So gib diesem eiskalt bewußten Hosenfabrikanten deine Hand.

Rea gehorcht.

ÄMILIAN Nun hast du die Hand der einzigen Tochter des

Kaisers erhalten, Cäsar Rupf, und einem goldenen
Kalb ist ein kaiserlicher Jungfernkranz aufgesetzt worden, denn heute ist eine Zeit, da die Kuppelei eine
Tugend geworden ist vor dem unerhörten Frevel, der
an der Menschheit begangen wird.

Cäsar Rupf ist gerührt.

CÄSAR RUPF Prinzessin, Sie müssen mir schon glauben:
Die Tränen in meinen Augen sind goldecht. Die Weltfirma Rupf hat durch diesen Lebensbund einen Gipfel
erreicht, wie er in meiner Branche überhaupt noch nie
erzielt worden ist.

Riesige Rauchschwaden.

MARES Das Imperium ist gerettet!
ZENO Das Abendland erhalten!
SULPHURIDES Die Rettungsode, Majestät.

Zeno und die beiden Kämmerer werfen sich in Stellung.

DIE DREI
Jubel, Freude, o Byzanz!
Es steigt dein Ruhm, es dringt dein Glanz
Zum Sternenzelt hinan.
Was wir glauben, was wir hoffen,
Ist als Wunder eingetroffen,
Und die Rettung ist getan.

TULLIUS ROTUNDUS Hört auf der Stelle mit dem Verbrennen der Archive auf!

DIE STIMME ACHILLES' Der Kaiser!

*Der Rauch verzieht sich, in der Türe ist Romulus sichtbar,
hinter ihm Achilles und Pyramus, der einen flachen Korb
trägt. Stille.*

REA Mein Vater.

ÄMILIAN Willkommen, Imperator des guten Essens und
des gesegneten Schlafs in der Mittagshitze. Sei gegrüßt,
Cäsar der Hühner und Stratege des Eierlegens! Heil
dir, den die Soldaten Romulus den Kleinen nennen.

ROMULUS *sieht ihn scharf an* Du bist Ämilian, der Bräutigam meines Kindes.

ÄMILIAN Du bist der erste, der mich erkennt, Kaiser
Romulus. Nicht einmal deine Tochter hat mich erkannt.

ROMULUS Zweifle nicht an ihrer Liebe. Allein das Alter
besitzt scharfe Augen. Sei mir willkommen, Ämilian.

ÄMILIAN Verzeih, Vater der Welt, daß ich deinen Gruß
vielleicht nicht so erwidere, wie es üblich ist. Allzu-
lange war ich in germanischer Gefangenschaft. Ich
kenne mich in den Bräuchen deines Hofs nicht mehr
aus. Doch wird mir die Geschichte Roms weiterhelfen.
Es gab Kaiser, denen rief man zu: Gut gesiegt, Erhabener? Anderen: Gut gemordet, Majestät? Und so wird
man dir zurufen: Gut geschlafen, Kaiser Romulus?

*Der Kaiser setzt sich unter die Türe in einen Sessel und
betrachtet Ämilian lange.*

ROMULUS Du littest Hunger und Durst.

ÄMILIAN Du hieltest deine Mahlzeiten.

ROMULUS Du wurdest gefoltert.

ÄMILIAN Deine Hühnerzucht florierte.

ROMULUS Du bist verzweifelt.

ÄMILIAN Ich habe mein Gefängnis in Germanien verlassen, Kaiser Roms. Ich habe die Soldaten getötet, die mich bewachten, die Hunde erschlagen, die mich verfolgten. Ich bin zu Fuß zu dir gekommen, Erhabener. Ich habe die endlose Weite deines Reichs durchmessen, Meile um Meile, Schritt für Schritt. Ich habe dein Imperium gesehen, Vater der Welt.

ROMULUS Seit ich Kaiser bin, habe ich mein Landhaus nicht mehr verlassen. Erzähle mir von meinem Reich, Ämilian.

ÄMILIAN Ich schlich durch zerstörte Städte und durch rauchende Dörfer, ich ging durch zerhackte Wälder und zog über zerstampfte Äcker.

ROMULUS Weiter.

ÄMILIAN Ich sah die Männer hingemetzelt, die Frauen geschändet und die Kinder verhungert.

ROMULUS Weiter.

ÄMILIAN Ich hörte das Schreien von Verwundeten, das Ächzen der Gefangenen, das Prassen der Schieber und das Gewieher der Kriegsgewinnler.

ROMULUS Es ist mir nicht unbekannt, was du sagst.

ÄMILIAN Wie kannst du wissen, was du nie gesehen hast, Kaiser von Rom?

ROMULUS Ich kann es mir denken, Ämilian. Komm nun in mein Haus. Meine Tochter wartete auf dich, all die Jahre lang.

ÄMILIAN Ich bin nicht mehr würdig, deine Tochter zu empfangen, Kaiser von Rom.

ROMULUS Du bist nicht unwürdig, sondern unglücklich.

ÄMILIAN Geschändet. Die Germanen rissen mir die Kopfhaut ab und zwangen mich, unter einem rohen

blutverschmierten Joch durchzukriechen. Nackt. Wie
ein Tier. Sieh her!

*Er reißt sich die Kappe vom Kopf und steht skalpiert da,
doch so, daß man das Gräßliche nicht sieht.*

ÄMILIAN Da stehe ich, Kaiser von Rom, umgeben von
deinem flatternden Hühnerhof, von deinem lächerli-
chen Hofstaat, ein Mensch, der den Frieden liebte und
an den Geist glaubte, der sich zu den Germanen begab,
um sie mit den Römern zu versöhnen.

ROMULUS Der Kaiser sieht, aber der Kaiser weicht nicht.

MARES Rache!

REA Ämilian! *Sie umklammert ihren Verlobten.*

ÄMILIAN Ich bin ein römischer Offizier. Ich habe meine
Ehre verloren. Geh zu jenem, Tochter des Kaisers,
dem du gehörst.

Rea geht langsam zu Cäsar Rupf zurück.

ÄMILIAN Deine Tochter ist das Weib dieses Hosenfabrikanten geworden, Kaiser von Rom, und dein Reich
durch meine Schande gerettet.

Der Kaiser erhebt sich.

ROMULUS Der Kaiser erteilt die Bewilligung zu dieser Ehe
nicht.

Alle stehen starr.

CÄSAR RUPF Papa!

REA Ich werde ihn heiraten, Vater. Du kannst mich nicht hindern, zu tun, was allein mein Vaterland retten kann.

ROMULUS Meine Tochter wird sich in den Willen des Kaisers fügen. Der Kaiser weiß, was er tut, wenn er sein Reich ins Feuer wirft, wenn er fallen läßt, was zerbrechen muß, und zertritt, was dem Tode gehört.

Rea geht gesenkten Hauptes ins Haus.

ROMULUS Zu unserer Pflicht, Pyramus. Das Hühnerfutter her. Augustus! Tiberius! Trajan, Hadrian, Marc Aurel! Odoaker!

Er geht Hühnerfutter streuend rechts ab, gefolgt von seinen Kammerdienern. Alle stehen unbeweglich.

TULLIUS ROTUNDUS Setzt schleunigst das Verbrennen der Archive wieder fort!

Alles hüllt sich wieder in einen schwarzen Rauch.

ÄMILIAN Dieser Kaiser muß weg!

Dritter Akt

Die Nacht der Iden des März vierhundertsechsundsieb-
zig … Das Schlafzimmer des Kaisers. Links eine Fenster-
reihe. Im Hintergrund die Türe. Rechts das Bett, eine
weitere Türe. In der Mitte des Raumes zwei Diwane, die
zusammen einen geschlossenen und gegen das Publikum
weit offenen Winkel bilden. In der Mitte zwischen ihnen
ein kleinerer niederer Tisch von zierlicher Form. Links
und rechts im Vordergrund zwei Wandschränke. Nacht.
Vollmond. Das Zimmer liegt im Dunkel. Nur die Fenster
zeichnen helle Flächen auf Boden und Wände. Die Türe
im Hintergrund öffnet sich. Pyramus erscheint mit einem
dreiarmigen Leuchter, mit dem er einen zweiten neben
dem Bett anzündet. Dann kommt er in den Vordergrund
und stellt den Leuchter auf den Tisch. Der Kaiser
erscheint in der Türe rechts, mit einem eher etwas schäbi-
gen Nachthemd bekleidet. Hinter ihm Achilles.

ROMULUS Das Bad hat mir doppelt wohl getan nach dem
guten Abendessen. Es war heute ein pathetischer Tag,
und ich mag solche Tage nicht. Da hilft nichts als
baden. In bin ein untragischer Mensch, Achilles.

ACHILLES Wünschen Majestät die Kaisertoga oder den
Schlafrock?

ROMULUS Den Schlafrock. Ich regiere heute nicht mehr.

ACHILLES Majestät sollten noch die Proklamation an das
römische Volk unterschreiben.

ROMULUS Mache ich morgen.

Achilles will ihm in den Schlafrock helfen. Der Kaiser stutzt.

ROMULUS Bring den Reichsschlafrock, Achill. Dieser da ist mir zu schäbig.

ACHILLES Den Reichsschlafrock hat die Kaiserin schon eingepackt, Majestät. Er gehörte ihrem Vater.

ROMULUS Ach so. Dann hilf mir eben in diesen Fetzen.

Er schlüpft in den Schlafrock und nimmt den Lorbeerkranz ab.

ROMULUS Da sitzt ja noch der Lorbeerkranz auf meinem Kopf. Ich vergaß, ihn beim Baden abzulegen. Häng ihn über das Bett, Pyramus.

Er gibt ihm den Lorbeerkranz. Pyramus hängt ihn über das Bett.

ROMULUS Wie viele Blätter sind noch daran?

PYRAMUS Zwei.

Der Kaiser seufzt und geht ans Fenster.

ROMULUS Da hatte ich heute gewaltige Ausgaben. Endlich frische Luft. Der Wind hat sich gedreht, und der Rauch ist abgezogen. Es war eine Pein, dieser Nachmittag. Doch dafür sind nun auch die Archive verbrannt. Die einzige vernünftige Anordnung, die mein Innenminister je erließ.

PYRAMUS Die Geschichtsschreiber werden jammern, mein Kaiser.

ROMULUS Unsinn. Sie werden bessere Quellen als unsere
Staatsarchive erfinden.

Er setzt sich auf den Diwan rechts.

ROMULUS Den Catull, Pyramus. Oder hat den meine
Frau auch schon eingepackt, weil er zur Bibliothek
ihres Vaters gehörte?

PYRAMUS Auch schon, mein Kaiser.

ROMULUS Macht nichts. Dann werde ich eben versuchen,
den Catull in meiner Erinnerung wieder herzustellen.
Gute Verse gehen nie ganz verloren. Einen Becher
Wein, Achilles.

ACHILLES Wünschen Majestät Falerner oder Syrakuser?

ROMULUS Falerner. Man muß in der heutigen Zeit das
Beste trinken.

*Achilles stellt einen Pokal vor den Kaiser auf den Tisch.
Pyramus schenkt ein.*

PYRAMUS Wir haben nur noch diese Flasche Falerner,
Jahrgang siebzig, mein Kaiser.

ROMULUS Dann laß sie hier.

ACHILLES Die Landesmutter wünschen Majestät zu sprechen.

ROMULUS Die Kaiserin soll hereinkommen. Den zweiten
Leuchter brauche ich nicht mehr.

*Die Kammerdiener verbeugen sich und gehen hinaus.
Pyramus nimmt den Leuchter neben dem Bett mit sich.
Nur der Vordergrund ist nun erhellt. Der Hintergrund
liegt im zunehmenden Mondlicht. Aus dem Hintergrund
kommt Julia.*

JULIA Der Oberhofmeister ist zu den Germanen übergelaufen. Ich habe dich vor diesem Äbi immer gewarnt.

ROMULUS Nun? Soll er als Germane etwa für uns Römer
sterben?

Schweigen.

JULIA Ich komme, mit dir zum letzten Mal zu reden.

ROMULUS Du bist im Reisekostüm, liebe Frau.

JULIA Ich gehe diese Nacht nach Sizilien.

ROMULUS Steht das Fischerboot bereit?

JULIA Ein Floß.

ROMULUS Ist dies nicht etwas gefährlich?

JULIA Bleiben ist gefährlicher.

Schweigen.

ROMULUS Ich wünsche dir eine gute Reise.

JULIA Wir sehen uns vielleicht lange nicht mehr.

ROMULUS Wir sehen uns nie mehr.

JULIA Ich bin entschlossen, in Sizilien den Widerstand
gegen den Feind fortzusetzen. Um jeden Preis.

ROMULUS Ein Widerstand um jeden Preis ist das Sinnlose-
ste, was es geben kann.

JULIA Du bist Defaitist.

ROMULUS Ich wäge nur ab. Wenn wir uns wehren, wird
unser Untergang nur blutiger. Das mag grandios sein,
doch wozu? Man steckt eine Welt nicht in Brand, die
schon verloren ist.

Schweigen.

JULIA Du willst also nicht, daß Rea diesen Cäsar Rupf
heiratet?

ROMULUS Nein.

JULIA Und nach Sizilien weigerst du dich auch zu gehen?

ROMULUS Der Kaiser flüchtet nicht.

JULIA Das wird dich den Kopf kosten.

ROMULUS Und? Soll ich deshalb schon jetzt kopflos handeln?

Schweigen.

JULIA Wir sind jetzt zwanzig Jahre verheiratet, Romulus.

ROMULUS Was willst du mit dieser unheimlichen Tatsache sagen?

JULIA Wir haben uns einmal geliebt.

ROMULUS Du weißt genau, daß du lügst.

Schweigen.

JULIA Dann hast du mich nur geheiratet, um Kaiser zu werden!

ROMULUS Gewiß.

JULIA Das wagst du mir ruhig ins Gesicht zu sagen?

ROMULUS Natürlich. Unsere Ehe war fürchterlich, aber ich habe nie das Verbrechen begangen, dich einen Tag darüber im Zweifel zu lassen, weshalb ich dich zur Frau nahm. Ich habe dich geheiratet, um Kaiser zu werden, und du hast mich geheiratet, um Kaiserin zu werden. Du bist meine Frau geworden, weil ich vom höchsten römischen Adel abstamme und du die Tochter des Kaisers Valentinianus und einer Sklavin bist. Ich habe dich legitimiert, und du mich gekrönt.

Schweigen.

JULIA Wir haben eben einander gebraucht.

ROMULUS Genau.

JULIA So ist es auch deine Pflicht, mit mir nach Sizilien zu gehen. Wir gehören zusammen.

ROMULUS Ich habe dir gegenüber keine Pflicht mehr. Ich habe dir gegeben, was du von mir gewollt hast. Du bist Kaiserin geworden.

JULIA Du kannst mir nichts vorwerfen. Wir haben das gleiche getan.

ROMULUS Nein, wir haben nicht das gleiche getan. Zwischen deiner und meiner Handlung ist ein unendlicher Unterschied.

JULIA Das sehe ich nicht ein.

ROMULUS Du hast mich aus Ehrgeiz geheiratet. Alles, was du tust, geschieht aus Ehrgeiz. Auch jetzt willst du nur aus Ehrgeiz den verlorenen Krieg nicht aufgeben.

JULIA Ich gehe nach Sizilien, weil ich mein Vaterland liebe.

ROMULUS Du kennst kein Vaterland. Was du liebst, ist eine abstrakte Staatsidee, die dir die Möglichkeit gab, durch Heirat Kaiserin zu werden.

Die beiden schweigen wieder einmal.

JULIA Nun gut. Warum soll ich nicht die Wahrheit sagen. Warum sollen wir nicht aufrichtig zueinander sein. Ich bin ehrgeizig. Für mich gibt es nichts anderes als das Kaisertum. Ich bin die Urenkelin Julians, des letzten großen Kaisers. Ich bin stolz darauf. Und was bist du? Der Sohn eines bankrotten Patriziers. Aber auch du bist ehrgeizig, sonst hättest du es nicht bis zum Kaiser über ein Weltreich gebracht, sondern wärest der Niemand geblieben, der du gewesen bist.

ROMULUS Das habe ich nicht aus Ehrgeiz getan, sondern aus Notwendigkeit. Was bei dir das Ziel war, das war bei mir das Mittel. Ich bin allein aus politischer Einsicht Kaiser geworden.

JULIA Wann hättest du je eine politische Einsicht gehabt? Du hast in den zwanzig Jahren deiner Regierung nichts anderes getan als gegessen, getrunken, geschlafen, gelesen und Hühner gezüchtet. Dein Landhaus hast du nie verlassen, deine Hauptstadt nie betreten, und die Reichsfinanzen wurden so radikal aufgebraucht, daß wir jetzt wie die Tagelöhner leben müssen. Deine einzige Geschicklichkeit besteht darin, mit deinem Witz jeden Gedanken niederzuschlagen, der darauf zielt, dich abzuschaffen. Daß aber deinem Verhalten noch eine politische Einsicht zugrunde liegen soll, ist eine ungeheuerliche Lüge. Der Größenwahn Neros und das Rasen Caracallas zeugen von einer größeren politischen Reife als deine Hühnerleidenschaft. Hinter dir steht nichts als deine Faulheit.

ROMULUS Eben. Es ist meine politische Einsicht, nichts zu tun.

JULIA Dazu hättest du nicht Kaiser werden brauchen.

ROMULUS Nur so konnte natürlich mein Nichtstun einen Sinn haben. Als Privatmann zu faulenzen ist völlig wirkungslos.

JULIA Und als Kaiser zu faulenzen gefährdet den Staat.

ROMULUS Siehst du.

JULIA Was willst du damit sagen?

ROMULUS Du bist hinter den Sinn meiner Faulenzerei gekommen.

JULIA Es ist doch unmöglich, die Notwendigkeit des Staates zu bezweifeln.

ROMULUS Ich bezweifle nicht die Notwendigkeit des Staates, ich bezweifle nur die Notwendigkeit unseres Staates. Er ist ein Weltreich geworden und damit eine Einrichtung, die öffentlich Mord, Plünderung, Unterdrückung und Brandschatzung auf Kosten der andern Völker betrieb, bis ich gekommen bin.

JULIA Ich begreife nicht, warum du dann ausgerechnet Kaiser geworden bist, wenn du so über das römische Weltreich denkst.

ROMULUS Das römische Weltreich besteht seit Jahrhunderten nur noch, weil es einen Kaiser gibt. Es blieb mir deshalb keine andere Möglichkeit, als selbst Kaiser zu werden, um das Imperium liquidieren zu können.

JULIA Entweder bist du wahnsinnig oder die Welt.

ROMULUS Ich habe mich für das letztere entschieden.

JULIA Du hast mich also nur geheiratet, um das römische Imperium zu zerstören.

ROMULUS Aus keinem anderen Grunde.

JULIA Von allem Anfang an hast du an nichts als an Roms Untergang gedacht.

ROMULUS An nichts anderes.

JULIA Du hast die Rettung des Imperiums bewußt sabotiert.

ROMULUS Bewußt.

JULIA Du hast den Zyniker gespielt und den ewig verfressenen Hanswurst, nur um uns in den Rücken zu fallen.

ROMULUS Du kannst es auch so formulieren.

JULIA Du hast mich getäuscht.

ROMULUS Du hast dich in mir getäuscht. Du hast angenommen, daß ich ebenso machtbesessen sei wie du. Du hast gerechnet, aber deine Rechnung war falsch.

JULIA Deine Rechnung stimmt.

ROMULUS Rom geht unter.
JULIA Du bist Roms Verräter!
ROMULUS Nein, ich bin Roms Richter.

Sie schweigen. Dann schreit die Kaiserin verzweifelt auf.

JULIA Romulus!
ROMULUS Geh jetzt nach Sizilien. Ich habe dir nichts mehr zu sagen.

Die Kaiserin geht langsam hinaus. Aus dem Hintergrund kommt Achilles.

ACHILLES Mein Kaiser.
ROMULUS Der Becher ist leer. Schenk mir einen neuen ein.

Achilles schenkt ihm ein.

ROMULUS Du zitterst.
ACHILLES Sehr wohl, Majestät.
ROMULUS Was hast du denn?
ACHILLES Majestät lieben es nicht, wenn ich von der militärischen Lage spreche.
ROMULUS Du weißt, daß ich dir das ausdrücklich verboten habe. Ich rede nur mit meinem Friseur über die militärische Lage. Er ist der einzige, der etwas davon versteht.
ACHILLES Aber Capua ist gefallen.
ROMULUS Das ist jedenfalls kein Grund, Falerner zu verschütten.
ACHILLES Ich bitte um Verzeihung. *Er verbeugt sich.*

ROMULUS Geh jetzt schlafen.

ACHILLES Prinzessin Rea wünschen Majestät noch zu sprechen.

ROMULUS Meine Tochter soll kommen.

Achilles geht hinaus. Aus dem Hintergrund kommt Rea.

REA Mein Vater.

ROMULUS Komm, mein Kind. Setz dich zu mir.

Rea setzt sich neben ihn.

ROMULUS Was hast du mir zu sagen?

REA Rom ist in Gefahr, mein Vater.

ROMULUS Es ist merkwürdig, daß alle ausgerechnet in dieser Nacht politische Gespräche mit mir führen wollen. Dazu ist doch der Mittagstisch da.

REA Wovon soll ich denn reden?

ROMULUS Von dem, was man zu seinem Vater in nächtlicher Stunde redet. Von dem, was dir am nächsten liegt, mein Kind.

REA Rom liegt mir am nächsten.

ROMULUS So liebst du Ämilian nicht mehr, auf den du gewartet hast?

REA Doch, mein Vater.

ROMULUS Aber nicht mehr so heiß wie früher, nicht mehr so, wie du ihn einst geliebt hast.

REA Ich liebe ihn mehr als mein Leben.

ROMULUS So erzähle mir von Ämilian. Wenn du ihn liebst, ist er wichtiger als so ein verlottertes Imperium.

Schweigen.

REA Mein Vater, laß mich den Cäsar Rupf heiraten.

ROMULUS Der Rupf, meine Tochter, ist mir zwar sympathisch, weil er Geld hat, aber er stellt unannehmbare Bedingungen.

REA Er wird Rom retten.

ROMULUS Das ist es eben, was mir diesen Mann unheimlich macht. Ein Hosenfabrikant, der den römischen Staat retten will, muß wahnsinnig sein.

REA Es gibt keinen anderen Weg, das Vaterland zu retten.

ROMULUS Das gebe ich zu, es gibt keinen anderen Weg. Das Vaterland kann nur noch mit Geld gerettet werden, oder es ist verloren. Wir müssen zwischen einem katastrophalen Kapitalismus und einer kapitalen Katastrophe wählen. Aber du kannst diesen Cäsar Rupf nicht heiraten, mein Kind, du liebst Ämilian.

Schweigen.

REA Ich muß ihn verlassen, um meinem Vaterland zu dienen.

ROMULUS Das ist leicht gesagt.

REA Das Vaterland geht über alles.

ROMULUS Siehst du, du hast doch zu viel in den Tragödien studiert.

REA Soll man denn nicht das Vaterland mehr lieben als alles in der Welt?

ROMULUS Nein, man soll es weniger lieben als einen Menschen. Man soll vor allem gegen sein Vaterland mißtrauisch sein. Es wird niemand leichter zum Mörder als ein Vaterland.

REA Vater!

ROMULUS Meine Tochter?

REA Ich kann doch das Vaterland unmöglich im Stich lassen.

ROMULUS Du mußt es im Stich lassen.

REA Ich kann nicht leben ohne Vaterland!

ROMULUS Kannst du ohne den Geliebten leben? Es ist viel größer und schwerer, einem Menschen die Treue zu halten als einem Staat.

REA Es geht um das Vaterland, nicht um einen Staat.

ROMULUS Vaterland nennt sich der Staat immer dann, wenn er sich anschickt, auf Menschenmord auszugehen.

REA Unsere unbedingte Liebe zum Vaterland hat Rom groß gemacht.

ROMULUS Aber unsere Liebe hat Rom nicht gut gemacht. Wir haben mit unseren Tugenden eine Bestie gemästet. Wir haben uns an der Größe des Vaterlandes wie mit Wein berauscht, aber nun ist Wermut geworden, was wir liebten.

REA Du bist undankbar gegen das Vaterland.

ROMULUS Nein, ich bin nur nicht wie einer jener Heldenväter in den Trauerspielen, die dem Staat noch einen guten Appetit wünschen, wenn er ihre Kinder fressen will. Geh, heirate Ämilian!

Schweigen.

REA Ämilian hat mich verstoßen, Vater.

ROMULUS Wenn du nur einen Funken echten Liebesfeuers in deinem Leibe hast, kann dich das nicht von deinem Geliebten trennen. Du bleibst bei ihm, auch wenn er dich verstößt, du harrst bei ihm aus, auch

wenn er ein Verbrecher ist. Aber von deinem Vaterland kannst du getrennt werden. Schüttle den Staub
von deinen Füßen, wenn es eine Mördergrube und eine
Henkerstätte geworden ist, denn deine Liebe zu ihm
ist machtlos.

*Schweigen. Durch das Fenster links steigt eine menschli-
che Gestalt ins Zimmer, die sich irgendwo im Dunkel des
Hintergrundes verbirgt.*

REA Wenn ich zu ihm zurückkehre, wird er mich wieder
verstoßen. Er wird mich immer wieder verstoßen.

ROMULUS So kehre eben ganz einfach immer wieder zu
ihm zurück.

REA Er liebt mich nicht mehr. Er liebt nur noch Rom.

ROMULUS Rom wird zugrunde gehen, und er wird nichts
mehr besitzen als deine Liebe.

REA Ich fürchte mich.

ROMULUS Dann lerne die Furcht zu besiegen. Das ist die
einzige Kunst, die wir in der heutigen Zeit beherrschen
müssen. Furchtlos die Dinge betrachten, furchtlos das
Richtige tun. Ich habe mich ein Leben lang darin
geübt. Übe dich nun auch darin. Geh zu ihm.

REA Ja, Vater, ich will es tun.

ROMULUS So ist es recht, mein Kind. So liebe ich dich.
Geh zu Ämilian. Nimm Abschied von mir. Du wirst
mich nie mehr sehen, denn ich werde sterben.

REA Vater!

ROMULUS Die Germanen werden mich töten. Ich habe
immer mit diesem Tode gerechnet. Das ist mein
Geheimnis. Ich opfere Rom, indem ich mich selber
opfere.

Stille.

REA Mein Vater!
ROMULUS Doch du wirst leben. Geh nun, mein Kind, geh
zu Ämilian.

*Rea geht langsam hinaus. Aus dem Hintergrund kommt
Pyramus.*

PYRAMUS Majestät.
ROMULUS Was willst du?
PYRAMUS Die Kaiserin ist abgereist.
ROMULUS Es ist gut.
PYRAMUS Wollen Majestät sich nicht ins Bett begeben?
ROMULUS Nein. Ich habe noch mit jemandem zu reden.
   Bring mir einen zweiten Pokal.
PYRAMUS Gewiß, Majestät.

Er bringt den zweiten Pokal.

ROMULUS Rechts neben den meinigen. Füll ihn.

Pyramus füllt ihn.

ROMULUS Und nun auch den meinen.

Pyramus tut das.

PYRAMUS Jetzt ist aber die Flasche Siebziger leer, Majestät.
ROMULUS Dann geh schlafen.

*Pyramus verbeugt sich und geht hinaus. Romulus sitzt
unbeweglich, bis die Schritte verhallt sind.*

ROMULUS Komm jetzt zu mir, Ämilian. Wir sind allein.

Ämilian kommt langsam und schweigend aus dem Hintergrund hervor, in einen schwarzen Mantel gehüllt.

ROMULUS Du bist vor wenigen Augenblicken durch das Fenster in mein Zimmer gestiegen. Der Pokal, aus dem ich trinke, spiegelte dein Bild wider. Willst du dich nicht setzen?

ÄMILIAN Ich stehe.

ROMULUS Du bist spät zu mir gekommen. Es ist Mitternacht.

ÄMILIAN Es gibt Besuche, die man nur um Mitternacht macht.

ROMULUS Du siehst, ich habe dich empfangen. Ein Pokal ist zu deiner Begrüßung mit einem ausgezeichneten Falerner gefüllt. Wir wollen miteinander anstoßen.

ÄMILIAN Es sei.

ROMULUS Laß uns auf deine Heimkehr trinken.

ÄMILIAN Auf das, was sich in dieser Mitternacht erfüllt.

ROMULUS Nun?

ÄMILIAN Wir wollen auf die Gerechtigkeit anstoßen, Kaiser Romulus.

ROMULUS Die Gerechtigkeit ist etwas Fürchterliches, Ämilian.

ÄMILIAN Fürchterlich wie meine Wunden.

ROMULUS Nun denn: Auf die Gerechtigkeit.

Er löscht mit der Hand den Leuchter, nur noch der Mond beleuchtet das Zimmer.

ÄMILIAN Wir sind allein. Niemand ist unser Zeuge als

diese Mitternacht, daß nun der Kaiser von Rom und
der Mann, der aus germanischer Gefangenschaft heimgekehrt ist, mit zwei Schalen blutigen Falerners auf die
Gerechtigkeit anstoßen.

*Romulus steht auf, und sie stoßen an. Im selben Augen-
blick schreit jemand auf, und unter dem Diwan des
Kaisers kommt der Kopf des Innenministers Tullius
Rotundus hervor.*

ROMULUS Um Gottes willen, Innenminister, ist dir etwas
passiert?

TULLIUS ROTUNDUS Majestät sind mir auf die Finger getreten. *Er stöhnt.*

ROMULUS Das tut mir leid. Aber ich konnte wirklich
unmöglich wissen, daß du dich unter mir befindest. Es
schreit jeder Innenminister auf, wenn man auf die
Gerechtigkeit anstößt.

TULLIUS ROTUNDUS Ich wollte Majestät nur eine umfas-
sende Altersversicherung für das römische Imperium
vorschlagen.

*Er kriecht hervor, nicht unverlegen, in einen ähnlichen
schwarzen Mantel wie Ämilian gekleidet.*

ROMULUS Du blutest an der Hand.

TULLIUS ROTUNDUS Ich habe mich mit meinem Dolche
geritzt vor Schreck.

ROMULUS Mit Dolchen, mein lieber Tullius Rotundus,
muß man ganz besonders vorsichtig sein. *Er geht nach
links.*

ÄMILIAN Du willst die Kammerdiener rufen, Kaiser Romulus?

Sie stehen einander gegenüber. Ämilian feindlich und entschlossen, Romulus lächelnd.

ROMULUS Wozu auch, Ämilian. Du weißt ja, daß sie um Mitternacht schlafen. Aber wir wollen doch meinen verwundeten Innenminister verbinden.

Er geht nach dem Schrank links im Vordergrund und öffnet ihn. Darin steht etwas gebückt Zeno der Isaurier.

ROMULUS Verzeih mir, Kaiser von Ostrom. Ich wußte nicht, daß du hier in meinem Wandschrank schläfst.

ZENO O bitte. Ich bin dies durch das unstete Leben gewohnt, das ich seit meiner Flucht aus Konstanti-nopel führe.

ROMULUS Deine Mühsale tun mir aufrichtig leid.

Zeno steigt aus dem Schrank, ebenfalls in einen schwar-zen Mantel gehüllt, schaut sich verwundert um.

ZENO Ja, ist denn noch jemand hier?

ROMULUS Laß dich nicht stören. Sie sind ganz zufällig hereingekommen.

Er entnimmt dem Wandschrank aus einem oberen Tablar ein Tuch.

ROMULUS Da ist noch einer drin.

ZENO Mein Kämmerer Sulphurides.

Sulphurides steigt heraus, ein riesenlanger Kerl, ebenfalls in einen schwarzen Mantel gehüllt, er verbeugt sich feier-lich vor Romulus. Romulus betrachtet ihn.

ROMULUS Guten Abend. Du hättest für ihn gut den anderen Schrank nehmen können, kaiserlicher Bruder. Und wo hast du deinen Kämmerer Phosphoridos untergebracht?

ZENO Er befindet sich noch unter deinem Bett, Kaiser Romulus.

ROMULUS Er soll sich ja nicht genieren. Er darf ruhig hervorkriechen.

Phosphoridos, ein kleines Männchen, kriecht unter dem Bett des Kaisers hervor, ebenfalls in einen schwarzen Mantel gekleidet.

SULPHURIDES Wir sind gekommen, Majestät ...

PHOSPHORIDOS Um die Klageverse vorzutragen,

SULPHURIDES Die Majestät noch nicht gänzlich anzuhören das Vergnügen hatten.

ROMULUS Bitte. Nur nicht in dieser stillen Mitternacht.

Romulus setzt sich wieder und gibt Tullius Rotundus das Tuch.

ROMULUS Verbinde deine Wunde mit diesem Tuch, Innenminister. Blut ist mir unsympathisch.

Der Wandschrank rechts öffnet sich wie von selbst, und polternd stürzt Spurius Titus Mamma der Länge nach auf den Boden.

ROMULUS Ja, schläft denn der Sportler immer noch nicht?

SPURIUS TITUS MAMMA Ich bin müde. Ich bin einfach todmüde. *Er erhebt sich wankend.*

ROMULUS Du hast deinen Dolch verloren, Spurius Titus Mamma.

Spurius Titus Mamma hebt den Dolch verstört auf und verbirgt ihn schleunigst unter seinem schwarzen Mantel.

SPURIUS TITUS MAMMA Ich habe seit hundertzehn Stunden nicht mehr geschlafen.

ROMULUS Wenn vielleicht noch jemand hier irgendwo anwesend ist, soll er doch bitte hervorkommen.

Unter dem Diwan links kriecht Mares hervor, gefolgt von einem Soldaten, beide ebenfalls in schwarzen Mänteln.

MARES Verzeih, mein Kaiser. Ich möchte mit Dir über die totale Mobilmachung diskutieren.

ROMULUS Und wen hast du zu dieser Diskussion mitgebracht, Reichsmarschall?

MARES Meinen Adjutanten.

Da kriecht noch langsam unter dem Diwan des Kaisers der Koch mit seiner hohen weißen Mütze hervor, ebenfalls in einem schwarzen Mantel. Zum ersten Mal ist nun der Kaiser sichtbar erschüttert.

ROMULUS Koch, auch du?

Der Koch tritt mit gesenktem Blick in die Reihe derer, die nun den Kaiser in einem Halbkreis umgeben.

ROMULUS Ihr seid alle in Schwarz, wie ich bemerke. Ihr seid unter meinem Bett, unter meinem Diwan und aus meinen Schränken hervorgekrochen, ihr habt dort die halbe Nacht in den kompliziertesten und unbequemsten Stellungen verbracht. Wozu?

Tiefe Stille

TULLIUS ROTUNDUS Wir wollen dich sprechen, Kaiser von Rom.

ROMULUS Der Kaiser wußte nicht, daß das Hofzeremoniell denen, die ihn zu sprechen wünschen, turnerische Übungen vorschreibt. *Er steht auf und klingelt.*

ROMULUS Pyramus! Achilles!

Aus dem Hintergrund stürzen zitternd Achilles und Pyramus in Schlafrock und Zipfelmütze hervor.

ACHILLES Mein Kaiser!

PYRAMUS Majestät!

ROMULUS Die Kaisertoga, Achilles, den Kaiserlorbeer, Pyramus!

Achilles legt ihm die Kaisertoga um die Schultern, Pyramus setzt ihm den Lorbeer auf.

ROMULUS Den Tisch und den Wein hinaus, Achilles. Der Augenblick ist feierlich.

Achilles und Pyramus tragen den Tisch nach rechts.

ROMULUS Geht jetzt wieder schlafen.

Pyramus und Achilles verbeugen sich und gehen aufs

tiefste verwirrt und erschrocken durch die Mitte des Hintergrundes hinaus.

ROMULUS Der Kaiser ist bereit, euch zu hören. Was habt ihr ihm zu sagen?

TULLIUS ROTUNDUS Wir verlangen die Provinzen zurück.

MARES Deine Legionen.

ÄMILIAN Das Imperium.

Tiefe Stille.

ROMULUS Der Kaiser ist euch keine Rechenschaft schuldig.

ÄMILIAN Du bist Rom Rechenschaft schuldig.

ZENO Du hast dich vor der Geschichte zu verantworten.

MARES Du stütztest dich auf unsere Macht.

ROMULUS Ich stützte mich nicht auf eure Macht. Wenn ich mit eurer Hilfe die Welt erobert hätte, wäret ihr berechtigt, so zu reden, aber ich habe eine Welt verloren, die ihr nicht gewonnen habt. Ich gab sie wie eine schlechte Münze aus meinen Händen. Ich bin frei. Ich habe mit euch nichts zu schaffen. Ihr seid nichts als Motten, die um mein Licht tanzen, nichts als Schatten, die untergehen, wenn ich nicht mehr scheine.

Die Verschwörer weichen vor ihm an die Wand zurück.

ROMULUS Ich bin nur einem unter euch Rechenschaft schuldig, und zu diesem einen werde ich nun sprechen. Komm zu mir, Ämilian.

Ämilian tritt langsam von rechts zu ihm.

ROMULUS Ich kann nicht zu dir reden als zu einem Offizier, der seine Ehre verlor. Ich bin ein Zivilist und
habe die Offiziersehre nie begriffen. Aber ich will zu
dir reden als zu einem Menschen, der Schweres erlitten
hat und gefoltert wurde. Ich liebe dich wie einen Sohn,
Ämilian. Ich will in dir das große, letzte Argument
gegen den sehen, der sich wie ich nicht wehrt, den
Menschen, der immer wieder geschändet wird, das
tausendfach besudelte Opfer der Macht. Was forderst
du von deinem Kaiser, Ämilian?

ÄMILIAN Ich fordere eine Antwort von dir, Kaiser Romulus.

ROMULUS Du sollst diese Antwort haben.

ÄMILIAN Was hast du getan, damit dein Volk nicht in die
Hand der Germanen fällt?

ROMULUS Nichts.

ÄMILIAN Was hast du getan, damit Rom nicht so geschändet wird wie ich?

ROMULUS Nichts.

ÄMILIAN Und wie willst du dich rechtfertigen? Du bist
angeklagt, dein Reich verraten zu haben.

ROMULUS Nicht ich habe mein Reich verraten, Rom hat
sich selbst verraten. Es kannte die Wahrheit, aber es
wählte die Gewalt, es kannte die Menschlichkeit, aber
es wählte die Tyrannei. Es hat sich doppelt erniedrigt:
vor sich selbst und vor den anderen Völkern, die in
seine Macht gegeben waren. Du stehst vor einem
unsichtbaren Thron, Ämilian, vor dem Thron der
römischen Kaiser, deren letzter ich bin. Soll ich deine
Augen berühren, daß du diesen Thron siehst, diesen
Berg aufgeschichteter Schädel, diese Ströme von Blut,
die auf seinen Stufen dampfen, die ewigen Katarakte

der römischen Macht? Was erwartest du für eine Antwort von der Spitze des Riesenbaus der römischen Geschichte herab? Was soll der Kaiser zu deinen Wunden sagen, thronend über den Kadavern der eigenen und der fremden Söhne, über Hekatomben von Opfern, die Kriege zu Roms Ehre und wilde Tiere zu Roms Vergnügen vor seine Füße schwemmten? Rom ist schwach geworden, eine taumelnde Greisin, doch seine Schuld ist nicht abgetragen, und seine Verbrechen sind nicht getilgt. Über Nacht ist die Zeit angebrochen. Die Flüche seiner Opfer haben sich erfüllt. Der unnütze Baum wird gefällt. Die Axt ist an den Stamm gelegt. Die Germanen kommen. Wir haben fremdes Blut vergossen, nun müssen wir mit dem eigenen zurückzahlen. Wende dich nicht ab, Ämilian. Weiche nicht vor meiner Majestät zurück, die sich vor dir erhebt, mit der uralten Schuld unserer Geschichte übergossen, schrecklicher noch als dein Leib. Es geht um die Gerechtigkeit, auf die wir getrunken haben. Gib Antwort auf meine Frage: Haben wir noch das Recht, uns zu wehren? Haben wir noch das Recht, mehr zu sein als ein Opfer?

Ämilian schweigt.

ROMULUS Du schweigst.

Ämilian geht langsam zu denen zurück, die in weitem Bogen den Kaiser umgeben.

ROMULUS Du kehrst zu denen zurück, die in dieser Mitternacht wie Diebe zu mir geschlichen kamen. Wir wollen ehrlich sein. Zwischen uns sei keine Spanne Lüge und keine Handbreit Verstellung mehr. Ich weiß, was ihr unter euren schwarzen Mänteln verbergt, was für einen Griff eure Hand jetzt umklammert. Aber ihr habt euch geirrt. Ihr glaubtet zu einem Wehrlosen zu gehen, nun springe ich euch an mit den Tatzen der Wahrheit und packe euch mit den Zähnen der Gerechtigkeit. Nicht ich bin angegriffen, ich greife euch an, nicht ich bin angeklagt, ich klage euch an. Wehrt euch! Wißt ihr nicht, vor wem ihr steht? Ich habe wissentlich das Vaterland zugrunde gerichtet, das ihr verteidigen wollt. Ich breche das Eis, auf dem ihr geht, ich lege Feuer an eure Wurzeln. Was klebt ihr stumm an den Wänden meines Zimmers, bleich wie der Wintermond? Es gibt für euch nur eine Antwort. Tötet mich, wenn ihr glaubt, ich sei im Unrecht, oder ergebt euch den Germanen, wenn es die Wahrheit ist, daß wir kein Recht mehr haben, uns zu wehren. Antwortet mir.

Sie schweigen.

ROMULUS Antwortet!

Da reißt Ämilian den Dolch hoch.

ÄMILIAN Es lebe Rom!

Alle ziehen den Dolch und schreiten auf Romulus zu, der unbeweglich und gelassen sitzt, die Dolche über ihm vereinigen sich. Da ertönt aus dem Hintergrund ein riesenhafter, unerhörter Schrei höchster Angst: »Die Germanen kommen!« Von Panik erfaßt, rast alles hinaus, durch die Fenster, durch die Türen. Unberührt sitzt der Kaiser da. Aus dem Hintergrund kommen bleich vor Entsetzen Pyramus und Achilles.

ROMULUS Wo sind sie denn, die Germanen?
PYRAMUS In Nola, Majestät.
ROMULUS Was schreist du denn? Dann sind sie ja erst morgen hier. Ich will jetzt schlafen. *Er erhebt sich.*
PYRAMUS Sehr wohl, Majestät.

Er nimmt ihm die Kaisertoga, den Lorbeerkranz und den Schlafrock ab. Romulus geht zu Bett. Stutzt.

ROMULUS Da liegt noch einer vor meinem Bett, Achilles.

Der Diener zündet mit dem Leuchter.

ACHILLES Es ist Spurius Titus Mamma, Majestät. Er schnarcht.
ROMULUS Gott sei Dank, jetzt schläft der Sportler endlich. Laß ihn nur liegen.

Er steigt über ihn ins Bett. Pyramus bläst die Lichter des Leuchters aus und geht mit Achilles im Dunkeln hinaus.

ROMULUS Pyramus!
PYRAMUS Mein Kaiser?
ROMULUS Wenn dann die Germanen da sind, sollen sie hereinkommen.

Vierter Akt

Der Morgen, der den Iden des März vierhundertsechs-
undsiebzig folgt. Das Arbeitszimmer des Kaisers wie im
ersten Akt. Nur noch die Büste des Gründers der Stadt
Rom, König Romulus, befindet sich an der Wand über der
Türe im Hintergrund. Auch sind nun die wenigen Möbel
schäbig, die besseren sind alle fortgeschafft worden.
Neben der Türe stehen Achilles und Pyramus und erwar-
ten den Kaiser.

ACHILLES Es ist ein schöner und erfrischender Morgen.
PYRAMUS Ich kann gar nicht begreifen, daß an diesem Tag
   des allgemeinen Untergangs die Sonne noch aufgegan-
   gen ist.
ACHILLES Nicht einmal mehr auf die Natur ist irgendein
   Verlaß.

Schweigen.

PYRAMUS Sechzig Jahre haben wir unter elf Kaisern dem
   römischen Staat gedient. Ich finde es geschichtlich
   unverständlich, daß er nun noch zu unseren Lebzeiten
   aufhört zu existieren.
ACHILLES Ich wasche meine Hände in Unschuld. Ich war
   immer ein vollkommener Kammerdiener.
PYRAMUS Wir waren in jeder Hinsicht die einzig wirklich
   stabilen Säulen des Kaisertums.

ACHILLES Wenn wir abtreten, kann man sagen: Jetzt ist
die Antike zu Ende!

Schweigen.

PYRAMUS Zu denken, daß eine Zeit kommt, wo man nicht
einmal mehr Lateinisch und Griechisch spricht, sondern so unmögliche Sprachen wie dieses Germanisch!

ACHILLES Sich vorzustellen, daß germanische Häuptlinge,
linge, Chinesen und Zulukaffer das Steuerruder der
Weltpolitik in die Hand nehmen, deren Bildung nicht
den tausendsten Teil der unsrigen beträgt! ›Arma
virumque cano‹, ich kann den ganzen Vergil auswendig.

PYRAMUS ›Mēnin aeide, thea‹, ich den Homer!

ACHILLES Jedenfalls muß die Zeit, die nun anbricht,
schauderhaft sein.

PYRAMUS So richtiges dunkles Mittelalter. Ohne Pessimist sein zu wollen: Von der heutigen Katastrophe
wird sich die Menschheit nie mehr erholen.

Romulus mit Kaisertoga und Lorbeerkranz tritt auf.

ACHILLES *und* PYRAMUS Salve Cäsar.

ROMULUS Salve. Ich habe mich verspätet. Die unerwartete Häufung der Audienzen strengte mich an. Kaum
daß ich diesen Morgen vor Schlaftrunkenheit über den
Sportler zu steigen vermochte, der noch immer vor
meinem Bette schläft. Ich habe in der letzten Nacht
mehr regiert als in den zwanzig Jahren meiner Regierungszeit zusammen.

ACHILLES Gewiß, Majestät.

ROMULUS Es ist so merkwürdig still. So öde. Alles wie verlassen.

Schweigen.

ROMULUS Wo ist mein Kind Rea?

Schweigen.

ACHILLES Die Prinzessin –
PYRAMUS Und Ämilian –
ACHILLES Und die Kaiserin –
PYRAMUS Der Innenminister, der Reichsmarschall, der Koch und all die andern –

Schweigen.

ROMULUS Nun?
ACHILLES Sind auf der Überfahrt nach Sizilien mit ihrem Floß ertrunken. Das Meer spülte sie fort.
PYRAMUS Ein Fischer brachte die Nachricht.
ACHILLES Allein Zeno der Isaurier konnte sich auf dem Kursschiff mit seinen Kämmerern nach Alexandrien retten.

Schweigen. Der Kaiser bleibt ruhig.

ROMULUS Meine Tochter Rea und mein Sohn Ämilian. *Er betrachtet die beiden Kammerdiener.*

ROMULUS Ich sehe keine Tränen in euren Augen.
ACHILLES Wir sind alt.

ROMULUS Und ich muß sterben. Die Germanen werden mich töten. Noch heute. So kann mich kein Schmerz mehr treffen. Wer bald sterben muß, beweint nicht die Toten. Nie war ich gefaßter, nie war ich heiterer als nun, da alles vorüber ist. Das Morgenessen.

PYRAMUS Das Frühstück?

ACHILLES Aber die Germanen, Majestät, die Germanen dürften jeden Augenblick –

PYRAMUS Und in Anbetracht der allgemeinen Reichstrauer.

ROMULUS Unsinn. Es gibt kein Reich mehr, das trauern könnte, und ich selbst will untergehn, wie ich gelebt habe.

PYRAMUS Sehr wohl, mein Kaiser.

Romulus setzt sich auf den Sessel in der Mitte des Vordergrundes. Pyramus trägt einen kleinen Tisch herbei, auf dem sich das für den Kaiser Übliche befindet. Der Kaiser betrachtet nachdenklich das Frühstücksgeschirr.

ROMULUS Weshalb bringt ihr mir zu meinem letzten Morgenessen diesen schäbigen Blechteller, diese halbzerbrochene Schale?

PYRAMUS Das Reichsservice hat die Kaiserin mitgenommen. Es gehörte auch ihrem Vater.

ACHILLES Es liegt nun auf dem Meeresgrund.

ROMULUS Tut nichts. Zu meiner Henkersmahlzeit schickt sich dieses alte Geschirr auch besser. *Er klopft ein Ei auf.*

ROMULUS Augustus hat natürlich wieder nichts gelegt.

Pyramus sieht Achilles hilfeflehend an.

PYRAMUS Nichts, mein Kaiser.

ROMULUS Tiberius?

PYRAMUS Die Julier nichts.

ROMULUS Die Flavier?

PYRAMUS Domitian. Doch von dem wünschen Majestät ausdrücklich nichts zu verspeisen.

ROMULUS Von wem ist dieses Ei? *Er löffelt es aus.*

PYRAMUS Wie gewöhnlich von Marc Aurel.

ROMULUS Hat sonst noch jemand gelegt?

PYRAMUS Odoaker. *Er ist etwas geniert.*

ROMULUS Sieh mal.

PYRAMUS Drei Eier, Majestät.

ROMULUS Paßt auf, das Huhn legt heute Rekord. *Majestät trinkt Milch.*

ROMULUS Ihr seid so feierlich.

ACHILLES Zwanzig Jahre haben wir jetzt Eurer Majestät gedient.

PYRAMUS Und vierzig Jahre den zehn Amtsvorgängern Eurer Majestät.

ACHILLES Sechzig Jahre haben wir die bitterste Armut auf uns genommen, dem Kaisertum zu dienen.

PYRAMUS Jeder Droschkenkutscher ist besser bezahlt als ein kaiserlicher Kammerdiener. Das muß einmal gesagt sein, Majestät!

ROMULUS Das gebe ich zu. Ihr müßt jedoch bedenken, daß ein Droschkenkutscher auch mehr einnimmt als ein Kaiser.

Pyramus sieht Achilles um Hilfe flehend an.

ACHILLES Der Fabrikant Cäsar Rupf hat uns eine Stelle als Kammerdiener in seinem Hause zu Rom angeboten.

PYRAMUS Viertausend Sesterzen im Jahr und drei Nachmittage frei in der Woche.

ACHILLES Eine Stelle, in der wir Zeit hätten, unsere Memoiren zu schreiben.

ROMULUS Die Bedingungen sind phantastisch. Ihr seid frei.

Er nimmt den Lorbeerkranz von seinem Haupt und gibt jedem ein Blatt.

ROMULUS Die letzten zwei Blätter meines goldenen Kranzes. Dies ist gleichzeitig die letzte finanzielle Handlung meiner Regierung.

Man hört Kriegsgeschrei.

ROMULUS Was ist denn das für ein Lärm?

ACHILLES Die Germanen, Majestät! Die Germanen sind gekommen!

ROMULUS Nun, dann werde ich sie eben empfangen müssen.

PYRAMUS Wünschen Majestät vielleicht das Reichsschwert?

ROMULUS Ist es denn noch nicht versetzt?

Pyramus sieht Achilles hilfeflehend an.

ACHILLES Keine Pfandleihe hat es nehmen wollen. Es ist rostig, und die Reichsedelsteine haben Majestät selbst herausgeklaubt.

PYRAMUS Soll ich es bringen?

ROMULUS Reichsschwerter, mein lieber Pyramus, läßt man am besten in ihrem Winkel.

PYRAMUS Sind Majestät serviert?
ROMULUS Noch etwas Spargelwein.

Pyramus schenkt zitternd ein.

ROMULUS Ihr könnt nun gehen. Der Kaiser braucht euch
nicht mehr. Ihr waret immer tadellose Kammerdiener.

*Die beiden ängstlich ab. Der Kaiser trinkt ein Gläschen
Spargelwein. Von rechts kommt ein Germane. Er bewegt
sich frei und unbekümmert. Er ist überlegen und hat
außer den Hosen nichts Barbarisches an sich. Er sieht sich
den Raum an, als ginge er durch ein Museum, macht etwa
auch hin und wieder eine Notiz in ein Tagebuch, das er in
diesem Fall aus einer Ledertasche nimmt. Er steckt in
Hosen, trägt einen weiten leichten Rock, breiten Reisehut, alles ganz unkriegerisch, außer einem Schwert, das er
sich umgürtet hat. Hinter ihm kommt ein junger Mann,
in kriegerischer Uniform, die aber nichts Opernmäßiges
haben darf. Der Germane erblickt wie zufällig unter
anderen Gegenständen den Kaiser. Die beiden blicken
sich verwundert an.*

DER GERMANE Ein Römer!
ROMULUS Sei gegrüßt.

Der junge Germane zieht das Schwert.

DER JUNGE MANN Stirb, Römer!
DER GERMANE Steck dein Schwert in die Scheide, Neffe.
DER JUNGE MANN Jawohl, lieber Onkel.
DER GERMANE Hinaus mit dir!

DER JUNGE MANN Sehr wohl, lieber Onkel. *Nach rechts ab.*

DER GERMANE Verzeih, Römer.

ROMULUS Aber bitte. Du bist ein richtiger Germane? *Er sieht ihn zweifelnd an.*

DER GERMANE Uralten Geschlechts.

ROMULUS Das kann ich gar nicht begreifen. Tacitus beschreibt euch als Menschen mit trotzigen blauen Augen, rotblonden Haaren und barbarischen Riesenleibern, und wenn ich dich sehe, würde ich dich eher für einen verkleideten byzantinischen Botaniker halten.

DER GERMANE Auch die Römer habe ich mir ganz anders vorgestellt. Ich hörte immer von ihrer Tapferkeit, und jetzt bist du der einzige, der nicht davongelaufen ist.

ROMULUS Wir haben offenbar von den Rassen eine ganz falsche Vorstellung. Das sind wohl jetzt Hosen, die du da an den Beinen hast?

DER GERMANE Gewiß.

ROMULUS Das ist wirklich ein merkwürdiges Kleidungsstück. Wo knöpfst du es zu?

DER GERMANE Vorne.

ROMULUS Wie befestigst du es an deinem Leib?

DER GERMANE Mit einem Hosenträger.

ROMULUS Dürfte ich diesen – Hosenträger – einmal sehen. Ich kann mir so ein Ding nicht vorstellen.

DER GERMANE Aber bitte.

Der Germane gibt Romulus das Schwert, knöpft den Rock auf.

DER GERMANE Der Hosenträger ist eine Erfindung, der zufolge die Hose technisch kein Problem mehr ist. Sieh nun hinten. *Kehrt sich um.*

ROMULUS Praktisch. *Er gibt ihm das Schwert zurück.*

ROMULUS Dein Schwert.

DER GERMANE Danke schön. Was trinkst du denn?

ROMULUS Spargelwein.

DER GERMANE Darf ich einmal versuchen?

ROMULUS Selber gezogen.

Der Kaiser schenkt ihm ein. Der Germane trinkt, schüttelt sich.

DER GERMANE Unmöglich! Dieses Getränk wird sich nicht mehr lange halten. Bier ist besser.

Der Germane setzt sich neben Romulus an den Tisch und zieht den Hut ab.

DER GERMANE Ich muß dir zu der Venus gratulieren über dem Teich in deinem Park.

ROMULUS Ist sie denn etwas Besonderes?

DER GERMANE Ein echter Praxiteles.

ROMULUS So ein Pech. Ich habe immer geglaubt, es sei eine wertlose Kopie, und jetzt ist der Antiquar schon fort!

DER GERMANE Erlaube mal. *Untersucht das ausgelöffelte Ei.* Nicht schlecht.

ROMULUS Du bist Hühnerzüchter?

DER GERMANE Leidenschaftlich.

ROMULUS Merkwürdig! Auch ich bin Hühnerzüchter!

DER GERMANE Auch du?

ROMULUS Auch ich.

Sie starren sich an.

DER GERMANE Endlich ein Mensch, mit dem ich über meine Leidenschaft reden kann.

ROMULUS Es ist auch die meine.

DER GERMANE Gehören die Hühner im Park dir?

ROMULUS Aus Gallien importiert.

DER GERMANE Legen die?

ROMULUS Du zweifelst?

DER GERMANE Sei ehrlich. Nach dem Ei zu schließen, mäßig.

ROMULUS Nun gut, sie legen immer weniger. Sie machen mir Sorgen. Ich weiß nicht, ob es am Futter liegt. Nur eine Henne ist wirklich in Form.

DER GERMANE Die Graue mit den gelben Tupfen?

ROMULUS Wie kommst du darauf?

DER GERMANE Weil ich dieses Huhn nach Italien bringen ließ. Ich wollte wissen, wie es sich im südlichen Klima hält.

ROMULUS Ich kann dir nur gratulieren. Eine wirklich gute Hausrasse.

DER GERMANE Selbstgezüchtet.

ROMULUS Du scheinst ein Hühnerzüchter von Format zu sein.

DER GERMANE Als Landesvater muß ich mich schließlich damit beschäftigen.

ROMULUS Als Landesvater? Wer bist du denn eigentlich?

DER GERMANE Ich bin Odoaker, der Fürst der Germanen.

ROMULUS Es freut mich, dich kennenzulernen.

ODOAKER Und du?

ROMULUS Ich bin der Kaiser von Rom.

ODOAKER Es freut mich ebenfalls, deine Bekanntschaft zu machen. Ich wußte zwar gleich, wen ich vor mir habe.

ROMULUS Du hast es gewußt?

ODOAKER Verzeih die Verstellung. Es ist etwas genierlich für zwei Feinde, sich auf einmal Auge in Auge gegenüber zu finden, und da hielt ich ein Gespräch über Hühnerzucht vorerst für nützlicher als eines über Politik.

ROMULUS Ich verzeihe dir.

Schweigen.

ODOAKER Nun ist der Augenblick, auf den ich jahrelang gewartet habe, gekommen.

Der Kaiser wischt sich mit der Serviette den Mund ab, erhebt sich.

ROMULUS Du findest mich bereit.

ODOAKER Bereit wozu?

ROMULUS Zu sterben.

ODOAKER Du erwartest deinen Tod?

ROMULUS Es ist aller Welt bekannt, wie die Germanen mit ihren Gefangenen verfahren.

ODOAKER Denkst du so oberflächlich von deinen Feinden, daß du dich nach dem Urteil aller Welt richtest, Kaiser Romulus?

ROMULUS Was könntest du anderes vorhaben als meinen Tod?

ODOAKER Das sollst du sehen. Neffe!

Von rechts kommt der junge Mann.

DER NEFFE Lieber Onkel?

ODOAKER Verneige dich vor dem Kaiser von Rom, Neffe.

DER NEFFE Jawohl, lieber Onkel. *Er verneigt sich.*

ODOAKER Tiefer, Neffe.

DER NEFFE Sehr wohl, lieber Onkel.

ODOAKER Wirf dich auf die Knie vor dem Kaiser von Rom.

DER NEFFE Jawohl, lieber Onkel. *Er wirft sich auf die Knie.*

ROMULUS Was soll das heißen?

ODOAKER Erhebe dich, Neffe.

DER NEFFE Sehr wohl, lieber Onkel.

ODOAKER Geh wieder hinaus, Neffe.

DER NEFFE Jawohl, lieber Onkel. *Er geht hinaus.*

ROMULUS Ich verstehe nicht.

ODOAKER Ich bin nicht gekommen, dich zu töten, Kaiser von Rom. Ich bin gekommen, mich mit meinem ganzen Volk dir zu unterwerfen.

Auch Odoaker kniet nieder. Romulus ist tödlich erschrocken.

ROMULUS Das ist doch Wahnsinn!

ODOAKER Auch ein Germane vermag sich von der Vernunft leiten zu lassen, Kaiser von Rom.

ROMULUS Du spottest.

ODOAKER *erhebt sich wieder.* Romulus, wir haben eben verständig miteinander über Hühner geredet. Ist es nicht möglich, ebenso verständig über unsere Völker zu reden?

ROMULUS Rede.

ODOAKER Darf ich mich wieder setzen?

ROMULUS Du hast nicht zu fragen, du bist der Sieger.

ODOAKER Du vergißt, daß ich mich dir eben unterworfen habe.

Schweigen.

ROMULUS Setze dich.

Die beiden setzen sich, Romulus düster, Odoaker Romulus aufmerksam betrachtend.

ODOAKER Du hast meinen Neffen gesehen. Er heißt
   Theoderich.

ROMULUS Gewiß.

ODOAKER Ein höflicher junger Mann. Jawohl, lieber
   Onkel, sehr wohl, lieber Onkel, so geht das den
   ganzen Tag. Sein Benehmen ist tadellos. Er verseucht
   mein Volk durch seinen Lebenswandel. Er rührt kein
   Mädchen an, trinkt nur Wasser und schläft auf dem
   Boden. Er übt sich täglich in Waffen. Auch jetzt, da er
   im Vorraum wartet, wird er turnen.

ROMULUS Er ist eben ein Held.

ODOAKER Er stellt das Ideal der Germanen dar. Er träumt
   von der Weltherrschaft, und das Volk träumt mit ihm.
   So mußte ich diesen Feldzug unternehmen. Ich stand
   allein meinem Neffen, den Dichtern, der öffentlichen
   Meinung gegenüber und war gezwungen nachzuge-
   ben. Ich hoffte, den Krieg human zu führen, der
   Widerstand der Römer war gering, doch je weiter ich
   gegen Süden stieß, desto größer wurden die Untaten
   meiner Armee, nicht weil sie grausamer war als andere
   Armeen, sondern weil jeder Krieg bestialisch ist. Ich
   war entsetzt. Ich versuchte, den Feldzug abzubrechen,
   ich war bereit, die Summe des Hosenfabrikanten anzu-
   nehmen, noch waren meine Feldhauptleute bestech-
   lich, noch konnte ich die Dinge vielleicht nach meinem

Willen lenken. Noch. Denn bald werde ich es nicht
mehr können. Dann werden wir endgültig ein Volk
der Helden geworden sein. Rette mich, Romulus, du
bist meine einzige Hoffnung.

ROMULUS Worauf?

ODOAKER Mit meinem Leben davonzukommen.

ROMULUS Du bist bedroht?

ODOAKER Noch ist mein Neffe zahm, noch ist er der
höfliche Mann, aber einmal, in wenigen Jahren, wird
er mich ermorden. Ich kenne die germanische Treue.

ROMULUS Und deshalb willst du dich mir unterwerfen?

ODOAKER Ein ganzes Leben lang suchte ich die wahre
Größe des Menschen, nicht die falsche, nicht die
Größe meines Neffen, den sie einmal Theoderich den
Großen nennen werden, ich kenne die Geschichts-
schreiber. Ich bin ein Bauer und hasse den Krieg. Ich
suche eine Menschlichkeit, die ich in den germanischen
Urwäldern nicht finden konnte. Ich fand sie in dir,
Kaiser Romulus. Dein Oberhofmeister Äbius hat dich
durchschaut.

ROMULUS Äbi befand sich in deinem Auftrag an meinem
Hof?

ODOAKER Er berichtete mir Gutes. Von einem wahren
Menschen, von einem gerechten Menschen, von dir,
Romulus.

ROMULUS Er hat dir von einem Narren berichtet, Odoaker. Ich legte mein ganzes Leben auf den Tag hin an,
da das römische Imperium zusammenbrechen würde.
Ich gab mir das Recht, Roms Richter zu sein, weil ich
bereit war zu sterben. Ich verlangte von meinem Lande
ein ungeheures Opfer, weil ich mich selbst als Opfer
einsetzte. Ich ließ das Blut meines Volkes fließen,

indem ich es wehrlos machte, weil ich selbst mein Blut vergießen wollte. Und nun soll ich leben. Und nun soll mein Opfer nicht angenommen werden. Und nun soll ich als der dastehen, der sich allein retten konnte. Und nicht nur das. Bevor du kamst, erhielt ich die Nachricht, daß die Tochter, die ich liebe, mit ihrem Bräutigam umgekommen ist. Samt meiner Frau und dem Hofe. Ich ertrug diese Nachricht mit Leichtigkeit, weil ich zu sterben glaubte, nun trifft sie mich unbarmherzig, nun widerlegt sie mich unbarmherzig. Es ist alles absurd geworden, was ich getan habe. Töte mich, Odoaker.

Schweigen.

ODOAKER Du sprichst im Schmerz. Überwinde deine Trauer und nimm meine Unterwerfung an.

ROMULUS Du fürchtest dich. Besiege deine Furcht und töte mich.

Schweigen.

ODOAKER Du hast an dein Volk gedacht, Romulus, nun mußt du auch an deine Feinde denken. Wenn du nicht meine Unterwerfung annimmst, wenn wir zwei nicht gemeinsam vorgehen, wird die Welt an meinen Neffen fallen, und ein zweites Rom wird entstehen, ein germanisches Weltreich, ebenso vergänglich wie das römische, ebenso blutig. Die Zerstörung Roms, dein Werk, wird sinnlos geworden sein, wenn dies geschieht. Du kannst nicht deiner Größe ausweichen, Romulus, du bist der einzige Mann, der diese Welt zu

regieren versteht. Sei gnädig, nimm meine Unterwerfung an, werde unser Kaiser, bewahre uns vor der
blutigen Größe Theoderichs.

Er kniet nieder.

ROMULUS Ich kann nicht mehr, Germane. Auch wenn ich
es möchte. Du hast mir die Berechtigung meines Han-
delns aus der Hand geschlagen.
ODOAKER Dein letztes Wort?

*Romulus kniet ebenfalls nieder, so daß sie nun voreinan-
der knien.*

ROMULUS Töte mich! Ich bitte dich auf den Knien darum.
ODOAKER Ich kann dich nicht zwingen, uns zu helfen.
Das Unglück ist geschehen. Aber ich kann dich auch
nicht töten. Weil ich dich liebe.
ROMULUS Erheben wir uns.
ODOAKER Erheben wir uns.
ROMULUS Wenn du mich nicht töten willst, gibt es noch
eine Lösung. Der einzige Mann, der mich noch zu
ermorden trachtet, schläft vor meinem Bett. Ich gehe
ihn wecken.

Er erhebt sich, ebenso Odoaker.

ODOAKER Das ist keine Lösung, Romulus. Du bist verzweifelt. Dein Tod wäre sinnlos, denn einen Sinn
könnte er nur haben, wenn die Welt so wäre, wie du
sie dir vorgestellt hast. Sie ist nicht so. Auch dein
Feind ist ein Mensch, der wie du recht handeln will.

Du mußt dich nun in dein Schicksal fügen. Es gibt
nichts anderes.

Schweigen.

ROMULUS Setzen wir uns wieder.

ODOAKER Es bleibt uns nichts anderes übrig.

ROMULUS Was hast du mit mir vor?

ODOAKER Ich werde dich pensionieren.

ROMULUS Mich pensionieren?

ODOAKER Der einzige Ausweg, den wir noch haben.

Schweigen.

ROMULUS Die Pensionierung ist wohl das Entsetzlichste,
was mir zustoßen könnte.

ODOAKER Vergiß nicht, daß auch ich vor dem Entsetz-
lichsten stehe. Du wirst mich zum König von Italien
ausrufen müssen. Das wird der Anfang meines Endes
sein, wenn ich jetzt nicht handle. So muß ich, ob ich
will oder nicht, meine Herrschaft mit einem Morde
beginnen. *Er zieht sein Schwert und will nach links.*

ROMULUS Was willst du?

ODOAKER Meinen Neffen töten. Noch bin ich stärker als
er.

ROMULUS Nun bist du verzweifelt, Odoaker. Wenn du
deinen Neffen tötest, werden dir nur tausend neue
Theoderiche erstehen. Dein Volk denkt anders als du.
Es will das Heldentum. Du vermagst es nicht zu
ändern.

Schweigen.

ODOAKER Setzen wir uns wieder.

Sie setzen sich wieder.

ROMULUS Mein lieber Odoaker, ich wollte Schicksal spielen, und du wolltest das deine vermeiden, nun ist es
unser Schicksal geworden, gescheiterte Politiker darzustellen. Wir glaubten, die Welt aus unseren Händen
fallenlassen zu können, du dein Germanien und ich
mein Rom, nun müssen wir uns mit den Trümmern
beschäftigen. Die können wir nicht fallenlassen. Ich
richtete Rom, weil ich seine Vergangenheit fürchtete,
du Germanien, weil es dir vor deiner Zukunft grauste.
Wir ließen uns von zwei Gespenstern bestimmen,
denn wir haben keine Macht über das, was war, und
über das, was sein wird. Macht haben wir nur über die
Gegenwart, an die wir nicht gedacht haben und an der
wir nun beide scheitern. Ich muß sie nun in der
Pensionierung durchleben, eine Tochter, die ich liebte,
einen Sohn, eine Gattin, viele Unglückliche auf dem
Gewissen.

ODOAKER Und ich werde regieren müssen.

ROMULUS Die Wirklichkeit hat unsere Ideen korrigiert.

ODOAKER Aufs bitterste.

ROMULUS Ertragen wir denn das Bittere. Versuche, Sinn
in den Unsinn zu legen, in diesen wenigen Jahren, die
dir bleiben, die Welt treu zu verwalten. Schenke den
Germanen und Römern Frieden. An deine Aufgabe
denn, Fürst der Germanen! Herrsche nun du. Es
werden einige Jahre sein, die die Weltgeschichte vergessen wird, weil sie unheldische Jahre sein werden –
aber sie werden zu den glücklichsten Jahren dieser
wirren Erde zählen.

ODOAKER Und dann werde ich sterben müssen.

ROMULUS Tröste dich. Dein Neffe wird auch mich töten. Er wird nie verzeihen, daß er vor mir knien mußte.

ODOAKER Gehen wir denn an unsere traurige Pflicht.

ROMULUS Machen wir es schnell. Spielen wir noch einmal, zum letzten Mal, Komödie. Tun wir so, als ginge die Rechnung hienieden auf, als siegte der Geist über die Materie Mensch.

ODOAKER Neffe!

Von rechts kommt der Neffe.

DER NEFFE Lieber Onkel?

ODOAKER Ruf die Feldhauptleute herein, Neffe.

DER NEFFE Jawohl, lieber Onkel.

Er gibt mit dem Schwert ein Zeichen. Der Raum füllt sich mit vom langen Marsch ermüdeten und verdreckten Germanen an. Eintönige Leinenkleider, darüber Brustpanzer, einfache Helme, die das Gesicht verdecken, Richtbeile, als Ganzes wirken sie wie eine drohende Masse von Henkern. Odoaker erhebt sich.

ODOAKER Germanen! Verstaubt und müde von den langen Märschen, ausgeglüht von der Sonne, habt ihr nun euren Feldzug beendet. Ihr steht vor dem Kaiser von Rom. Erweist ihm die Ehre.

Die Germanen salutieren mit den Richtbeilen.

ODOAKER Germanen! Diesen Mann habt ihr verlacht und in den Liedern verspottet, die ihr auf den Landstraßen sanget oder nachts am Lagerfeuer. Doch ich erfuhr

seine Menschlichkeit. Noch nie sah ich einen größeren
Menschen, und nie werdet ihr einen größeren sehen,
wer auch immer mein Nachfolger sein wird. Ergreife
nun das Wort, Kaiser von Rom.

ROMULUS Der Kaiser löst sein Imperium auf. Seht euch
diese farbige Kugel noch einmal an, diesen Traum von
einem großen Imperium, der im freien Raum schwebt,
getrieben vom leichten Hauch meiner Lippen, diese
hingebreiteten Länder um das blaue Meer mit seinen
tanzenden Delphinen, diese reichen Provinzen, gelb
von Korn, diese wimmelnden Städte, überfließend an
Leben, eine Sonne, die die Menschen erwärmte und,
als sie hoch stand, die Welt verbrannte, um nun in den
Händen des Kaisers, ein sanfter Ball, ins Nichts aufzugehen.

*Andächtiges Schweigen. Die Germanen starren verwun-
dert den Kaiser an, der sich erhebt.*

ROMULUS Ich ernenne den Feldherrn der Germanen,
Odoaker, zum König von Italien!

DIE GERMANEN Es lebe der König von Italien!

ODOAKER Ich dagegen weise dem Kaiser von Rom die
Villa des Lukull in Campanien zu. Außerdem erhält er
eine Pension von sechstausend Goldmünzen im Jahr.

ROMULUS Die kaiserlichen Hungerjahre sind vorüber.
Hier hast du den Lorbeerkranz und die Kaisertoga.
Das Reichsschwert findest du bei den Gartengeräten
und den Senat in den Katakomben Roms. Holt mir
nun meinen Namensvetter von der Wand, die Büste
des Königs Romulus, der Rom gegründet hat, das ich
nun liquidiere.

Ein Germane bringt die Büste.

ROMULUS Danke schön.

Er nimmt die Büste unter den Arm.

ROMULUS Ich verlasse dich, Fürst der Germanen. Ich trete meine Pensionierung an.

Die Germanen nehmen Achtungstellung an.
Aus dem Hintergrund stürzt Spurius Titus Mamma hervor, ein bloßes Schwert in den Händen.

SPURIUS TITUS MAMMA Ich will den Kaiser töten!

Der König von Italien tritt ihm mit Würde gegenüber.

ODOAKER Laß dein Schwert sinken, Präfekt. Den Kaiser gibt es nicht mehr.
SPURIUS TITUS MAMMA Das Reich?
ODOAKER Aufgelöst.
SPURIUS TITUS MAMMA Dann hat der letzte kaiserliche Offizier den Untergang seines Vaterlandes verschlafen!

Spurius Titus Mamma bricht erschüttert zusammen.

ROMULUS Damit, meine Herren, hat das römische Imperium aufgehört zu existieren.

Der Kaiser geht langsam, gesenkten Hauptes, die Büste unter dem Arm, hinaus. Die Germanen stehen ehrfurchtsvoll.

Anhang

Anmerkung I
zu ›Romulus der Große‹

Eine schwere Komödie, weil sie scheinbar leicht ist. Damit
kann der Literaturbeflissene deutscher Sprache schon gar nichts
anfangen. Stil ist, was feierlich tönt. So wird er im Romulus
nichts als eine bloße Witzelei sehen und das Stück irgendwie
zwischen Theo Lingen und Shaw ansiedeln. Dieses Schicksal ist
jedoch für Romulus nicht ganz so unpassend. Er spielte zwanzig Jahre den Hanswurst, und seine Umgebung kam nicht
darauf, daß auch dieser Unsinn Methode hatte. Dies sollte zu
denken geben.
Meine Figuren sind nur von der Gestalt her darzustellen. Dies
gilt für den Schauspieler und für den Regisseur. Praktisch
gesprochen: Wie soll etwa Ämilian dargestellt werden? Er ist
tage-, vielleicht wochenlang marschiert, auf Schleichwegen,
durch zerstörte Städte, und nun erreicht er das Haus des
Kaisers, das er doch kennt, und nun fragt er: Die Villa des
Kaisers in Campanien? Ist in diesem Satz nicht das ungläubige
Erstaunen spürbar über den verhühnerten und heruntergekom-
menen Zustand der Villa, die doch die Residenz darstellt, wird
die Frage rhetorisch wirken und auch, wenn er seine Geliebte
fragt, bang und gebannt: Wer bist du? Er kennt sie wirklich
nicht mehr, er hat sie wirklich vergessen, ahnt, daß er diesen
Menschen einmal kannte, liebte. Ämilian ist die Gegengestalt
zu Romulus. Sein Schicksal ist menschlich zu sehen, mit den
Augen des Kaisers gleichsam, der hinter der Fassade der
geschändeten Offiziersehre »das tausendfach besudelte Opfer
der Macht« erspäht. Romulus nimmt Ämilian ernst, als den
Menschen, der gefangen, gefoltert wurde, der unglücklich ist.
Was er nicht akzeptiert, ist die Forderung: »Geh, nimm ein
Messer«, die Verschacherung der Geliebten, damit das Vater-

land lebe. Menschlichkeit ist vom Schauspieler hinter jeder meiner Gestalten zu entdecken, sonst lassen sie sich gar nicht spielen. Dies gilt für alle meine Stücke.

Eine besondere, zusätzliche Schwierigkeit ergibt sich noch für den Darsteller des Romulus selber. Ich meine die Schwierigkeit, die darin liegt, daß er dem Publikum nicht allzu schnell sympathisch erscheinen darf. Das ist leicht gesagt und vielleicht fast nicht zu erreichen, doch als Taktik im Auge zu behalten. Das Wesen des Kaisers darf sich erst im dritten Akt enthüllen. Im ersten Akt muß der Ausspruch des Präfekten: »Rom hat einen schändlichen Kaiser«, im zweiten jener Ämilians: »Dieser Kaiser muß weg«, begreiflich sein. Hält im dritten Akt Romulus Gericht über die Welt, hält im vierten die Welt Gericht über Romulus. Man sehe genau hin, was für einen Menschen ich gezeichnet habe, witzig, gelöst, human, gewiß, doch im letzten ein Mensch, der mit äußerster Härte und Rücksichtslosigkeit vorgeht und nicht davor zurückschreckt, auch von andern Absolutheit zu verlangen, ein gefährlicher Bursche, der sich auf den Tod hin angelegt hat; das ist das Schreckliche dieses kaiserlichen Hühnerzüchters, dieses als Narr verkleideten Weltenrichters, dessen Tragik genau in der Komödie seines Endes, in der Pensionierung liegt, der dann aber – und nur dies macht ihn groß – die Einsicht und die Weisheit hat, auch sie zu akzeptieren.

Geschrieben für den Sammelband ›Komödien I‹, Verlag der Arche, Zürich 1957.

Anmerkung II
zu ›Romulus der Große‹

Romulus Augustus war 16, als er Kaiser wurde, 17, als er abdankte und in die Villa des Lukull nach Campanien zog. Die Pension betrug 6000 Goldmünzen, und seine Lieblingshenne soll Roma geheißen haben. Das ist das Historische. Die Zeit nannte ihn Augustulus, ich machte ihn zum Mann, dehnte seine Regierungszeit auf 20 Jahre aus und nenne ihn den ›Großen‹.

Es ist vielleicht wichtig, daß man mich gleich versteht: Es geht mir nicht darum, einen witzigen Mann zu zeigen. Hamlets Wahnsinn ist das rote Tuch, hinter dem sich der Degen verbirgt, der Claudius gilt, Romulus gibt einem Weltreich den Todesstoß, das er mit seinem Witz hinhält. Auch lockte es mich, einmal einen Helden nicht an der Zeit, sondern eine Zeit an einem Helden zugrunde gehen zu lassen. Ich rechtfertige einen Landesverräter. Nicht einen von denen, die wir an die Wand stellen mußten, aber einen von denen, die es nie gibt. Kaiser rebellieren nicht, wenn ihr Land unrecht hat. Sie überlassen dies den Laien und nennen es Landesverrat, denn der Staat fordert immer Gehorsam. Aber Romulus rebelliert. Auch wenn die Germanen kommen. Dies sei gelegentlich zur Nachahmung empfohlen.

Ich will mich präzisieren. Ich klage nicht den Staat, der recht, sondern den Staat an, der unrecht hat. Das ist ein Unterschied. Ich bitte, den Staaten scharf auf die Finger zu sehen, und sehe ihnen scharf auf die Finger. Es ist nicht ein Stück gegen den Staat, aber vielleicht eins gegen den Großstaat. Man wird meine Worte sophistisch nennen. Das sind sie nicht. Dem Staat gegenüber soll man zwar klug wie eine Schlange, aber um Gottes willen nicht sanft wie eine Taube sein.

Es handelt sich nur um Binsenwahrheiten. Aber heute ist eine Zeit, in der es leider nur noch um Binsenwahrheiten geht. Tiefsinn ist Luxus geworden. Das ist das etwas Peinliche unserer Situation und die besondere Schwierigkeit, sich schriftstellerisch mit ihr auseinanderzusetzen. Ich will nicht unsere Mängel mit der Zeit ausreden, doch sollte auch die Zeit uns ausreden lassen. Sie fährt uns aber immer wieder mit ihren Handlungen über den Mund. Wir haben es nicht leicht.

Geschrieben 1949 für das Programmheft der Uraufführung am Stadttheater Basel.

Anmerkung III
zu ›Romulus der Große‹

Bevor ich den *Romulus* schrieb, hatte ich mich monatelang mit
dem *Turmbau zu Babel** herumgeschlagen und eben den vierten Akt begonnen, als ich das Manuskript verbrannte. Ich stand
ohne Stück da, doch hatte das Basler Theater den *Turmbau zu
Babel* schon geplant, Horwitz erwartete von mir ein Stück.
Der Zufall kam mir zu Hilfe. Ich hatte eine Novelle Strindbergs
gelesen, ›Attila‹. Am Schluß dieser Erzählung wird von der
Heimkehr zweier Männer nach dem Tode Attilas berichtet,
eines Römers und eines Fürsten der Rugier, und dann schließt
Strindberg: »Später erneuerten sie die Bekanntschaft, aber unter
anderen und größeren Verhältnissen, denn Edekos Sohn war
Odoaker, der den Sohn des Orestes stürzte, und der war kein
anderer als der letzte Kaiser Romulus Augustus. Er hieß son-
derbarerweise Romulus, wie Roms erster König, und Augustus, wie der erste Kaiser. Und er beschloß sein Leben als
Verabschiedeter, mit einer Pension von sechstausend Goldmünzen, in einer Villa in Campanien, die vorher Lucullus
besessen hatte.«
Wir wohnten damals in einem Weinbauernhaus, jeden Abend
holte ich im Bauernhaus, das jenseits der Straße in einer Wiese
lag, Milch. Es war ein Wintermonat, Dezember oder Januar,
und ich holte die Milch in tiefer Dunkelheit, doch kannte ich
auch so den Weg. Während des Milchholens nun, die fünfzig
Meter hin, während des kurzen Gesprächs mit dem Bauern,
darauf während der fünfzig Meter, die ich zurücklegen mußte,
um heimzukehren, konzipierte ich die ganze Komödie, in der
Weise, daß mir als erstes die Schlußsätze jedes Aktes klar

---

*Ein Fragment davon blieb erhalten, es ist abgedruckt in: ›Ein Engel kommt nach
Babylon‹. Werkausgabe Bd. 4, detebe 20834.

wurden: »Rom hat einen schändlichen Kaiser.« »Dieser Kaiser muß weg.« »Wenn dann die Germanen da sind, sollen sie hereinkommen.« »Damit hat das römische Imperium aufgehört zu existieren.« Auf diesen vier Schlußsätzen konstruiert sich die Handlung wie von selbst.

Strindberg verdanke ich deshalb zwei Stücke, den *Romulus* und *Play Strindberg**. Dazu kam, daß ich vor dem *Romulus* Fontanes ›Der Stechlin‹ gelesen hatte: Auch der alte Dubslav von Stechlin, eine meiner Lieblingsfiguren, ist ein geistiger Vater meines letzten Kaisers von Rom geworden.

Geschrieben 1973.

Anmerkung IV
zu ›Romulus der Große‹

Romulus der Große wurde von mir 1957 für das Schauspielhaus Zürich neu bearbeitet, wobei ich besonders den vierten Akt umgestaltete. Doch scheint mir die Urfassung des vierten Aktes wert, nicht ganz in Vergessenheit zu geraten; sie sei deshalb hier wiedergegeben. Er erweckte, als ihn das Basler Theater in Stuttgart spielte, erheblichen Protest. Besonders Odoakers Ankündigung: »Ich kehre mit meinen hunderttausend Soldaten im Trauermarsch nach Germanien zurück und klettere mit meinem ganzen Volk wieder auf die Bäume« stieß auf laute Mißbilligung. Zu meinem Erstaunen sah ich auf meiner folgenden abenteuerlichen Reise Carossas Rat: »Kehrt wieder zurück in die heiligen Wälder, lernt wieder den alten Gesang« als Spruchband über eine Straße gespannt. Wenn zwei das gleiche schreiben ...

Geschrieben 1980 für die vorliegende Ausgabe.

*In: ›Play Strindberg/Porträt eines Planeten‹. Werkausgabe Bd. 12, detebe 20842.

Zehn Paragraphen zu ›Romulus der Große‹

§ 1

Der Verfasser ist kein Kommunist, sondern Berner.

§ 2

Der Verfasser ist von Natur aus gegen die Weltreiche.

§ 3

Romulus, Zeno der Isaurier und Odoaker sind historische Persönlichkeiten.

§ 4

Ebenso die Schwiegermutter Verina.

§ 5

Dagegen war Romulus fünfzehn, als er Kaiser wurde, und sechzehn, als er Kaiser gewesen war.

§ 6

Der Feldherr Orestes war eigentlich sein Vater.

§ 7

Zwar haben römische Soldaten schon Jahrhunderte vorher in Germanien Hosen getragen.

§ 8

Schon Nero soll ein Monokel gehabt haben.

§ 9

Romulus und Julia.

§ 10

Spargelwein wurde aus Spargelwurzeln gewonnen.

Geschrieben 1949 für das Programmheft der Uraufführung am Stadttheater Basel.

Vierter Akt der ersten Fassung

*Der Morgen des vierzehnten Juli vierhundertsechsundsiebzig.
Das Arbeitszimmer des Kaisers wie im I. Akt. Nur noch die
Büste des Gründers der Stadt Rom, König Romulus, befindet
sich an der Wand über der Türe im Hintergrund. Neben der
Türe stehen Achilles und Pyramus und erwarten den Kaiser.*

ACHILLES Es ist ein schöner und erfrischender Morgen.

PYRAMUS Ich kann gar nicht begreifen, daß an diesem Tag des
allgemeinen Untergangs die Sonne noch aufgegangen ist.

ACHILLES *melancholisch* Nicht einmal auf die Natur ist irgendein Verlaß mehr.

Schweigen.

PYRAMUS Sechzig Jahre haben wir unter elf Kaisern dem römischen Staat gedient. Ich finde es geschichtlich unverständlich, daß er nun noch zu unseren Lebzeiten aufhört zu
existieren.

ACHILLES Ich wasche meine Hände in Unschuld. Ich war
immer ein vollkommener Kammerdiener.

PYRAMUS Wir waren in jeder Hinsicht die einzig wirklich stabilen Säulen des Kaisertums.

ACHILLES Wenn wir abtreten, kann man sagen: Jetzt ist die
Antike zu Ende!

Schweigen.

PYRAMUS Zu denken, daß eine Zeit kommt, wo man nicht
einmal mehr Lateinisch und Griechisch spricht, sondern so
völlig unmögliche Sprachen wie dieses Germanisch!

ACHILLES Sich vorzustellen, daß germanische Häuptlinge, Chinesen und Zulukaffer das Steuerruder der Weltpolitik in die Hand nehmen, deren Bildung nicht den tausendsten Teil der unsrigen beträgt! ›Arma virumque cano‹, ich kann den ganzen Vergil auswendig.

PYRAMUS ›Mēnin aeide, thea‹, ich den Homer!

ACHILLES Jedenfalls muß die Zeit, die nun anbricht, schauderhaft sein.

PYRAMUS So richtiges dunkles Mittelalter. Ohne Pessimist sein zu wollen: Von der heutigen Katastrophe wird sich die Menschheit nie mehr erholen.

Romulus mit Kaisertoga und Lorbeerkranz tritt auf.

ACHILLES, PYRAMUS Salve Cäsar.

ROMULUS Salve. Ich habe mich verschlafen. Die unerwartete Häufung der Audienzen hat mich etwas angestrengt. Ich habe in der letzten Nacht mehr regiert als in den zwanzig Jahren meiner Regierungszeit zusammen.

ACHILLES Gewiß, Majestät.

ROMULUS *stutzt* Es ist so merkwürdig still.

ACHILLES *verlegen* Der Hof ist geflüchtet, mein Kaiser.

ROMULUS Und wo ist mein Kind Rea?

ACHILLES Die Prinzessin flüchtete mit Aemilian, Majestät.

ROMULUS Es ist gut. Liebesleute gehören zusammen. Das Morgenessen.

Er setzt sich auf den Sessel in der Mitte des Vordergrundes.
Achilles trägt einen kleinen Tisch herbei, auf dem sich das für den Kaiser Übliche befindet.
Romulus klopft stirnrunzelnd das Ei auf.

ROMULUS Augustus hat natürlich wieder nichts gelegt.

Pyramus sieht Achilles hilfeflehend an.

ACHILLES Augustus ist tot, mein Kaiser.

ROMULUS Tot? Woran ist er denn gestorben? Ich habe ihn jedenfalls nicht aufgegessen.

ACHILLES Ein schwarzzottiger germanischer Kriegshund mit einem buschigen Schwanz ist in den Park gedrungen.

ROMULUS *gefaßt* Tiberius?

ACHILLES Die Julier sind aufgefressen.

ROMULUS Das Geschick ist unersättlich. Die Flavier?

ACHILLES Der Hund hatte einen ausgezeichneten Appetit. Er verschmähte Odoaker.

ROMULUS Auch im Reiche der Tiere gibt es einen Patriotismus.

Er löffelt das Ei aus.

ROMULUS Von wem ist dieses Ei?

ACHILLES Von Marc Aurel. Er legte sterbend noch ein Ei.

ROMULUS Daran erkenne ich den großen Philosophen. Was legte Odoaker?

PYRAMUS Schon drei Eier diesen Morgen.

ROMULUS Paßt auf, das Huhn wird heute Rekord legen. *Er trinkt Milch.*

ACHILLES Zwanzig Jahre haben wir jetzt Eurer Majestät gedient.

PYRAMUS Und vierzig Jahre den zehn Amtsvorgängern Eurer Majestät.

ACHILLES Sechzig Jahre haben wir nach freudloser Jugend die bitterste Armut auf uns genommen, um dem Kaisertum zu dienen.

PYRAMUS Jeder Droschkenkutscher ist besser bezahlt als ein kaiserlicher Kammerdiener. *Mit Tränen in den Augen* Das muß einmal gesagt sein, Majestät!

ROMULUS Das gebe ich zu. Ihr müßt jedoch bedenken, daß eine Droschke auch mehr einnimmt als ein Kaiser.

Pyramus sieht Achilles hilfeflehend an.

ACHILLES Der Fabrikant Cäsar Rupf hat uns eine Stelle als Kammerdiener in seinem Hause zu Rom angeboten.

PYRAMUS Viertausend Sesterzen im Jahr und drei Nachmittage frei in der Woche.

ACHILLES Eine Stelle, in der wir Zeit hätten, unsere Memoiren zu schreiben.

Kurzes Schweigen.

ROMULUS Hätte Cäsar Rupf nicht vielleicht noch eine dritte Stelle für einen Kammerdiener offen?

ACHILLES *entschieden* Es sind leider nur zwei Stellen frei.

ROMULUS Die Bedingungen sind phantastisch. Für viertausend Sesterzen im Jahr werde ich Straßenputzer. Ihr seid frei. *Er nimmt den Lorbeerkranz von seinem Haupt und gibt jedem ein Blatt.* Die letzten zwei Blätter meines goldenen Kranzes. Dies ist gleichzeitig die letzte finanzielle Handlung meiner Regierung.

Kriegsgeschrei hörbar.

ROMULUS Was ist denn das für ein Lärm.

ACHILLES Die Germanen, Majestät! Die Germanen sind gekommen.

ROMULUS Ach so. Das habe ich jetzt ganz vergessen, daß sie schon heute morgen kommen. Da werde ich sie eben empfangen müssen.

PYRAMUS Wünschen Majestät vielleicht das Reichsschwert?

ROMULUS *verwundert* Ist es denn noch nicht versetzt?

Pyramus sieht Achilles hilfeflehend an.

ACHILLES Es hat es keine Pfandleihe mehr nehmen wollen. Es ist rostig, und die Reichsedelsteine haben Majestät selbst herausgeklaubt.

PYRAMUS Soll ich es bringen?

ROMULUS Nein. Reichsschwerter, mein lieber Pyramus, läßt man am besten in ihrem Winkel.

PYRAMUS Sind Majestät serviert?

ROMULUS Noch etwas Spargelwein.

Pyramus schenkt zitternd ein.

ROMULUS Ihr könnt nun gehen. Der Kaiser braucht euch nicht mehr. Ihr waret immer tadellose Kammerdiener. *Trinkt ein Gläschen Spargelwein.*

Von links kommt ein Germane. Er bewegt sich sehr vorsichtig. Er ist in Hosen und Lederwams. Er hat einen Helm mit Kuhhörnern auf dem Kopf und ein langes, breites Schwert umgegürtet. Der Kaiser sieht ihn sehr verwundert hereinschleichen, denn der Germane bewegt sich mit dem Hintern gegen das Publikum heran. Nun erblickt der Germane plötzlich den Kaiser.

DER GERMANE Ha! *Er zieht sein Schwert.*

ROMULUS *gelassen* Sei gegrüßt.

DER GERMANE *verblüfft* Grüß Gott.

ROMULUS Du bist ein richtiger Germane? *Er sieht ihn zweifelnd an.*

DER GERMANE *stolz* Ich bin ein Originalgermane.

ROMULUS *verwundert* Das kann ich gar nicht begreifen. Tacitus beschreibt euch als Menschen mit trotzigen blauen Augen, rotblonden Haaren und von großer Gestalt, und du bist klein, dick und schwarzhaarig.

DER GERMANE Ich bin eben einer der wenigen heute noch lebenden unverfälschten Urgermanen. Alle Urgermanen sehen so aus wie ich.

ROMULUS Ich habe immer gedacht, daß die Wirklichkeit anders aussieht als die Theorie.

DER GERMANE Die meisten Germanen haben sich jedoch im Laufe der Jahrtausende leider mit arischen Völkern vermischt und sind blond und blauäugig geworden.

ROMULUS Ich sehe, daß wir in Italien von den Rassen eine ganz falsche Vorstellung haben.

DER GERMANE Ich sage Ihnen: das Arische in uns ist unser Pech. *Geht über die Bühne nach rechts.*

ROMULUS Das sind wohl jetzt Hosen, die du da an den Beinen hast?

DER GERMANE Ja, das sind Hosen.

ROMULUS Das ist wirklich ein merkwürdiges Kleidungsstück. Wo knöpfst du es denn zu?

DER GERMANE Vorne.

ROMULUS Das ist aber praktisch. Und wie befestigst du es an deinem Leib?

DER GERMANE Mit einem Hosenträger.

ROMULUS Dürfte ich diesen Hosenträger einmal sehen? Ich kann mir so ein Ding gar nicht vorstellen.

Der Germane versucht bereitwillig, die Lederweste aufzuknöpfen, aber das gezogene Schwert hindert ihn.

DER GERMANE Können Sie mir das Schwert halten, damit ich Ihnen alles besser demonstrieren kann?

ROMULUS Aber bitte.

Der Germane gibt dem Kaiser das Schwert und knöpft die Weste auf.

DER GERMANE Der Hosenträger ist eine rein germanische Erfindung, der zufolge die Hose technisch kein Problem mehr ist. Sehen Sie nun hinten. *Er kehrt sich um.*

ROMULUS Ich beginne, die Weltlage zu begreifen.

DER GERMANE Wer sind Sie eigentlich?

ROMULUS *ruhig* Ich bin der Kaiser von Rom.

Der Germane läßt die aufgehobene Weste fallen und kehrt sich totenblaß um.

DER GERMANE Sie wollen mich töten?

ROMULUS *verwundert* Wieso denn?

DER GERMANE Sie halten mein Schwert in der Hand.

ROMULUS Du hast es mir selbst gegeben. Ich werde doch den ersten echten Germanen nicht totschlagen, den ich sehe. Hier hast du dein Schwert. *Gibt es ihm.*

DER GERMANE *verwundert* Sie geben mir das Schwert zurück?

ROMULUS Aber natürlich.

DER GERMANE Hier stimmt etwas nicht.

Geht aufgeregt auf und ab und bleibt wieder stehen.

DER GERMANE *mißtrauisch* Sie wissen genau, daß ich Ihr Todfeind bin.

ROMULUS *streng* Du bist wie die anderen Menschen vor allem mein Untertan.

DER GERMANE Ich bin ein germanischer Korporal.

ROMULUS Dem Kaiser gehört auch Germanien.

DER GERMANE *stolz* Wir haben das römische Weltreich erobert.

ROMULUS Der Kaiser geht nicht zum Feind, der Kaiser läßt den Feind kommen. Der Kaiser ist wie eine Spinne. Er wartet, bis seine Opfer in das unsichtbar gesponnene Netz gehen, und packt dann blitzschnell zu, wenn der Feind dort ist, wo ihn der Kaiser haben will.

DER GERMANE *verzweifelt* Ich verstehe. Wir Germanen haben einen untrüglichen Instinkt, der die Gefahr sofort aus einer Lage herauswittert. Ich habe Ihnen mit echt germanischer Treuherzigkeit meine Hosenträger gezeigt, und unterdessen bin ich mit romanischer List umzingelt worden. Jeden Moment kann mich ein Spieß durchbohren oder ein Pfeil meinem Leben ein Ende machen!

Er springt in höchster Angst den Wänden nach und bleibt endlich aufs neue vor dem Kaiser stehen.

DER GERMANE Sie wollen mich wirklich nicht töten, Majestät?

ROMULUS Der Kaiser sieht ein, daß die Germanen würdig sind, einen hervorragenden Platz im römischen Weltreich einzunehmen. Der Kaiser ernennt dich zum Statthalter von Lusitanien.

DER GERMANE *erstaunt* Wo ist denn das?

ROMULUS In der südwestlichen Ecke von Spanien.

DER GERMANE *fällt auf die Knie* Ich werde meinem Kaiser treu sein bis in den Tod!

In diesem Augenblick treten von links fünf Germanen auf, wie der erste Germane gekleidet, nur haben sie Rabenflügel auf den Helmen.

DER ANFÜHRER DER GERMANEN Was ist denn hier los?

DER STATTHALTER VON LUSITANIEN *steht auf* Soll ich diese ungebildeten Germanen, die hier einzudringen wagen, in Stücke hauen, Majestät?

DER ANFÜHRER *verwundert* Ja, was machst denn du hier, Küenzi?

DER STATTHALTER VON LUSITANIEN *stolz* Ich bin soeben ein Römer geworden.

ROMULUS Tritt hinter meinen Sessel, Statthalter von Lusitanien.

Der Statthalter von Lusitanien tritt hinter den Sessel.

ROMULUS Der Kaiser freut sich, seine germanischen Untertanen zu empfangen.

DER ANFÜHRER Wenn Sie der Kaiser von Rom sind, müssen wir Sie gefangennehmen.

Der Statthalter von Lusitanien tritt wieder vor.

DER STATTHALTER VON LUSITANIEN Für dieses Wort werde ich dir den Kopf herunterschlagen, Neuenschwander!

DER ANFÜHRER *zu den anderen* Der Küenzi ist verrückt geworden.

ROMULUS Allein der Kaiser hat über Leben und Tod seiner Untertanen zu entscheiden, Statthalter von Lusitanien.

DER STATTHALTER VON LUSITANIEN Gut, aber das nächste Mal lasse ich meinen Kaiser nicht mehr beleidigen. *Tritt wieder hinter den Sessel.*

ROMULUS Der Kaiser sieht mit Wohlgefallen die Tapferkeit seiner germanischen Soldaten. Ihr habt ganz Italien erobert und seid als erste vor meinem Thron erschienen. Er ehrt euren Mut. Tritt vor deinen Kaiser, Anführer.

DER ANFÜHRER *tritt mechanisch vor den Kaiser* Was wollen Sie von mir?

ROMULUS Knie nieder, Held.

DER ANFÜHRER *widerstrebend* Ich bin ein germanischer Feldwebel.

Romulus blickt ihn ruhig an.
Im Hintergrund droht der Statthalter von Lusitanien dem Anführer schrecklich mit dem Schwert. Der Anführer kniet zögernd nieder.

ROMULUS *feierlich* Ich ernenne dich zum Statthalter von Pontus.

DER ANFÜHRER *wie träumend* Wo ist denn das?

ROMULUS In der nordöstlichen Ecke von Kleinasien.

DER ANFÜHRER *ungläubig* Das gehört Ihnen?

ROMULUS *großartig* Dem Kaiser gehört überhaupt alles.

DER ANFÜHRER *springt begeistert auf* Ich werde meinem Kaiser bis ans Ende der Welt folgen!

EINER DER VIER GERMANEN Jetzt ist der Neuenschwander auch verrückt geworden.

Der Statthalter von Pontus herrscht die vier Germanen an.

DER STATTHALTER VON PONTUS Marsch da, ihr werdet mir
  sofort Römer!

Die vier Germanen ziehen die Schwerter.

DIE VIER GERMANEN Wir sind freie Germanen! Wir sind keine
  Römer! Wir haben Italien besiegt! Wir knien nicht vor einem
  Kaiser!
ROMULUS Sie sind alle zu Rittern von Asturien geschlagen.
DIE VIER RITTER VON ASTURIEN Es lebe der Kaiser von Rom!

*Sie treten begeistert und Schwerter schwingend hinter den
Kaiser.*

DER STATTHALTER VON PONTUS Entschuldigen, Majestät, aber
  wie hoch beläuft sich der Sold eines Statthalters von Pontus?
ROMULUS Das Finanzielle wollen wir nachher regeln.

*Von links kommen fünf neue Germanen, gleiche Soldaten wie
die anderen, nur jetzt mit Hirschgeweihen auf dem Helm.*

DIE ASTURISCHEN ADLIGEN Nieder mit der germanischen Pest!
  Für Rom und Zivilisation! Tod der nordischen Gefahr!

*Sie überfallen die verblüfften Germanen und entwaffnen sie,
worauf sie mit den erbeuteten Schwertern wieder hinter den
Kaiser marschieren.*

DER STATTHALTER VON LUSITANIEN Befehlt, was mit diesen
  germanischen Hunden geschehen soll, mein Kaiser!
DER STATTHALTER VON PONTUS Ein Wort von Ihnen, und sie
  sterben den schaurigen Tod aller Reichsführer, Majestät!
ROMULUS Der Kaiser siegt, aber den Kaiser dürstet es nicht
  nach Blut. Der Kaiser ist gnädig. Er ernennt diese fünf
  tapferen Gefangenen zu Adligen von Babylon.
DIE ADLIGEN VON BABYLON Hoch, Kaiser des Imperiums,
  hoch, römischer Kaiser!

*Sie treten ebenfalls hinter den Kaiser, wo nun elf Germanen
versammelt sind. Die Adligen von Babylon erhalten ihre
Schwerter zurück, die sie wie die anderen begeistert schwingen.
Von links kommt Odoaker herein, der germanische Feldherr.
Nicht unedle, aber tief barbarische, riesige Gestalt, mit einem
Eisbärenfell gekleidet, goldener Helm mit Adlersflügeln, großes
Schwert in goldener Scheide, in der linken Hand ein barbari-
scher Feldmarschallstab.*

*Der Statthalter von Lusitanien und der von Pontus, die Ritter
von Asturien und die Adligen von Babylon lassen die Schwerter
sinken und blicken feindselig nach Odoaker. Romulus sitzt
ruhig.*

ODOAKER Wo ist der Kaiser von Rom?

ROMULUS Er sitzt vor dir.

ODOAKER Ich bin der Fürst aller Germanen, Odoaker.

ROMULUS *erfreut* Es freut mich wirklich, dich endlich einmal
kennenzulernen. Ich habe mich immer außerordentlich für
dich interessiert, mein lieber Odoaker.

ODOAKER Ich habe dich besiegt, Kaiser von Rom.

*Der Statthalter von Lusitanien und der Statthalter von Pontus
treten zu Odoaker und legen ihm die Hand auf die Schulter.*

DER STATTHALTER VON PONTUS Im Namen des römischen Imperiums.

DER STATTHALTER VON LUSITANIEN Du bist verhaftet, Germanenfürst.

ODOAKER *verwundert* Habt ihr eigentlich den Verstand verloren, Neuenschwander und Küenzi?

DER STATTHALTER VON PONTUS Wir sind nicht Neuenschwander und Küenzi, wir sind die Statthalter von Pontus und
Lusitanien.

DER STATTHALTER VON LUSITANIEN In die Knie mit dir,
Reichsrebell!

ODOAKER *wütend* Das ist doch Unsinn!

DER STATTHALTER VON PONTUS Das ist nicht germanischer Unsinn, das ist blutiger römischer Ernst!

DER STATTHALTER VON LUSITANIEN Küsse das Mosaik vor den Fußspitzen seiner kaiserlichen Herrlichkeit!

Sie schlagen ihm in die Kniekehlen, so daß Odoaker auf die Knie sinkt.

ROMULUS Laßt den Fürst der Germanen frei. Tretet in die Reihen der Ritter von Asturien und der Adligen von Babylon zurück, Statthalter. Der Kaiser will nicht, daß ein so edler Mensch gedemütigt werde. Er ist zwar von Rom besiegt worden, aber dennoch ein großer Feldherr.

Die Statthalter treten hinter den Kaiser. Odoaker erhebt sich taumelnd.

ODOAKER Pestilenz und Weltuntergang! Habe ich gesiegt oder haben Sie in Pavia meine Heere vernichtet?

ROMULUS Ich gebe zu, daß du dort einige Erfolge errungen hast.

ODOAKER Ich stehe mitten im römischen Imperium mit hunderttausend Germanen im vollen Glanz meiner Waffen. Wo ist dagegen deine Armee, Kaiser von Rom?

ROMULUS *erhaben* Meine Legionen stehen hinter mir.

DIE STATTHALTER, DIE RITTER VON ASTURIEN *und* DIE ADLIGEN VON BABYLON Hoch!

ODOAKER Sternenhagel! Es muß doch wirklich jeder zugeben, daß i c h in diesem Kampf der Sieger bin.

ROMULUS Hast du mich gefangen, oder habe ich dich gefangen, Feldherr der Germanen?

ODOAKER *notgedrungen* Sie haben mich gefangen.

ROMULUS Also muß doch wohl ich der Sieger sein.

ODOAKER *verzweifelt* O du heiliger Bimbam! Da soll der Teufel Feldherr der Germanen sein!

ROMULUS Es hat gar keinen Sinn, sich aufzuregen. Komm, Germanenfürst, setz dich hier auf diesen Stuhl.

Odoaker setzt sich rechts neben Romulus.

ODOAKER Ich bin erledigt. Sie haben meiner Bärennatur einen Schlag versetzt, daß ich die Engel im Himmel singen höre.

ROMULUS Willst du vielleicht etwas Spargelwein? Ich empfehle dir dieses in Germanien sicher unbekannte Getränk.

ODOAKER *schüttelt den Kopf* Danke, Majestät, ich bin Abstinent.

ROMULUS Darf ich dir ein Ei anbieten? Ich besitze eine ausgezeichnete Henne im Garten, die eben ganz frisch gelegt hat.

ODOAKER Lieber nicht. Der Appetit ist mir vergangen. Ich habe diesen Feldzug doch nicht mir zuliebe getan! Ich bin nach Italien gezogen, um die Germanen in ein besseres Klima zu führen, und nun werfen die sich ihre einzige Chance, schließlich doch noch eine Kulturnation zu werden, selbst über den Haufen und ergeben sich dem Kaiser!

ROMULUS So wichtig braucht man die Kultur nun wieder nicht zu nehmen, Feldherr, daß man gleich ein Blutbad anrichtet, um sie einzuführen.

ODOAKER Als junges Volk müssen wir Germanen eben an die Zukunft denken!

ROMULUS Völker, die sich einbilden, sie seien jung, fühlen sich zu so vielen Dummheiten berechtigt, daß sie schon aus diesem Grunde nie alt werden.

ODOAKER Es hat alles keinen Sinn mehr. Der Feldzug ist jämmerlich gescheitert. Hier haben Sie den Marschallstab. *Gibt dem Kaiser den Marschallstab.*

ROMULUS Du mußt jetzt nicht einfach jede Hoffnung sinken lassen, lieber Odoaker.

ODOAKER *melancholisch* Doch, doch. Ich mache mir keine Illusionen. Ich bin ein grundnüchterner Mensch. Mit der germanischen Kultur ist es wieder einmal aus.

ROMULUS *begütigend* Was ich bis jetzt von den Germanen

gesehen habe, hat mich mit großem Respekt erfüllt. Mein
Oberhofmeister Aebi ist zehnmal gebildeter als ich, und auch
in Germanien seid ihr nicht ohne Geist. Ihr habt dort zum
Beispiel den Hosenträger erfunden.

ODOAKER *springt auf.* Mord und Totschlag! Wenn ich von
germanischer Mode höre, wird es mir brandschwarz vor den
Augen!

ROMULUS *erschrocken* Aber setz dich doch, um Gottes willen,
Germanenfürst. Ich gebe selber zu, daß mir eure Mode unheimlich vorkommt. Du brauchst dich nicht mehr aufzuregen.

ODOAKER *setzt sich wieder* Ich bin ja schon wieder ruhig,
Majestät. Sie haben eben keine Ahnung, wie ich mich freute,
einmal in Italien ohne Elchlederhemd, Eisbärenpelz und
Wildschweinstiefel leben zu dürfen. Aber ich weiß, was die
Uhr geschlagen hat. Ich kehre mit meinen hunderttausend
Soldaten im Trauermarsch nach Germanien zurück und klet-
tere mit meinem ganzen Volk wieder auf die Bäume.

ROMULUS Es ist ungesund, mein lieber Odoaker, die Weltgeschichte rückgängig zu machen. Ihr seid nun einmal da, und
Germanien ist für die Menschheit offenbar ein doch zu
problematisches Land. Deshalb wünscht der Kaiser, daß du
mit deinen Germanen im halb entvölkerten Italien bleibst. Er
sieht selber ein, daß dies das Beste für euch ist. Man muß die
Rassen ein wenig mischen, wenn etwas Vernünftiges heraus-
kommen soll.

ODOAKER *kniet überwältigt nieder* Majestät, mit mir kniet mein
ganzes Volk vor Ihnen und ernennt Sie begeistert zum Kaiser
von Germanien! *Springt auf.* Baßgeige, Orgel und Alphorn,
wir werden die Schwerter in die hinterste Ecke schleudern und
nur an Verseschmieden und Trompetenblasen denken. Wenn
wir nicht d i e Nation der Dichter und Denker werden, gehe ich
zum Zirkus!

*Von links kommt ein Germane mit einem straff angezogenen
Lasso herein.*

DER GERMANE Wo ist der Feldherr? Ich bringe den gefangenen
   Kaiser von Ostrom!

ODOAKER Führ ihn vor den römischen Kaiser, dem ich mich
   mit dem ganzen Heer unterworfen habe.

*Der Germane zieht am Lasso, an dessen anderem Ende der
Kaiser von Ostrom erscheint.*

ZENO Hilfe erfleh ich, Komet in des Weltalls – *Stockt, wie er
   Romulus sieht.*

ROMULUS Guten Tag, mein lieber Zeno, du kommst wie immer
   gerade recht zum Morgenessen.

ZENO *verwundert* Ja, bist du denn nicht verhaftet?

ROMULUS Im Gegenteil, kaiserlicher Bruder. Die Germanen
   haben sich inzwischen mir ergeben.

ZENO *wie aus den Wolken gefallen* Ja, wie hast du denn das
   gemacht?

ROMULUS Ich habe mich ein wenig in der Politik versucht.

ZENO Das Resultat ist erstaunlich.

ROMULUS Ich bin selber überrascht. Ich wollte mich eigentlich
   mit den Leuten nur etwas unterhalten, und plötzlich war
   mein Weltreich zurückerobert.

ZENO Eine neue Methode in der Politik wirkt immer Wunder.

ROMULUS Ich habe einfach meiner Manie, alles zu befördern,
   die Zügel schießen lassen.

ZENO *müde* Ich habe ein grauenvolles Mißgeschick. Wie ich
   eben die Nachricht erhalte, daß man mich in Konstantinopel
   wieder zum Kaiser ausgerufen hat, bin ich von diesem Germanen verhaftet worden. Ich bin eine gescheiterte Existenz.
   Der byzantinische Mensch ist für den Daseinskampf ungeeignet. Ich bin viel zu zart erzogen worden, um mit dem
   Schmutz der Politik erfolgreich in Berührung zu kommen.
   Wenn du mich befreist, unterwerfe ich mich dir mit ganz
   Ostrom und danke ab. Nur die Insel Patmos mußt du mir
   lassen, ich will dort in ein Kloster gehen.

ROMULUS Du bist frei.

Der Germane läßt das Lasso los.

ZENO Das ist das Ende meiner kaiserlichen Laufbahn.

ODOAKER Ostrom gehört wieder dem Kaiser.

ZENO Auch Germanien hat sich ihm unterworfen.

ODOAKER In fünf Minuten hat Kaiser Romulus ein Imperium zusammenerobert!

ZENO Er ist nicht nur der größte Feldherr, sondern auch der größte Diplomat der Weltgeschichte!

ROMULUS *lächelnd* Der Kaiser hat sein Imperium ganz einfach noch einmal wie eine Seifenblase aufgeblasen, mit der ein Kind spielt. Er hat aus einem Nichts ein Weltreich gemacht. Seht euch diese farbige Kugel noch einmal an, diesen Traum von einem großen Imperium, der im freien Raume schwebt, getrieben vom leichten Hauch meiner Lippen, diese hingebreiteten Länder um das blaue Meer mit seinen tanzenden Delphinen, diese reichen Provinzen, gelb von Korn, diese wimmelnden Städte, überfließend an Leben, eine Sonne, die die Menschen erwärmte und, als sie hoch stand, die Welt verbrannte, um nun in den Händen des Kaisers, ein sanfter Ball, ins Nichts aufzugehen. *Steht auf.* Holt mir nun meinen Namensvetter von der Wand, die Büste des Königs Romulus, des Gründers von Rom.

Dem Kaiser wird König Romulus gereicht.

ROMULUS Der Kaiser löst das Imperium auf. Er ernennt den Feldherrn der Germanen, Odoaker, zum König von Italien.

ODOAKER *fassungslos* Aber Sie haben mich ja eben in Grund und Boden besiegt, Majestät!

ROMULUS Der Kaiser läßt den Sieg wieder aus den Händen gleiten. Siege sind Zustände, die ihn nicht interessieren. Man traue ihnen nicht. Siege sind Mahlzeiten, bei denen sich die

Konsumenten zu Tode essen und die Lieferanten verhungern.

ODOAKER Ich weiß überhaupt nicht, was ich denken soll.

ROMULUS Du hast dein Ziel erreicht, Germanenfürst. Italien gehört dir. Du hast noch viel zu lernen, vor allem Menschlichkeit, die du zwar suchst, aber nicht kennst, denn das Weltreich, das du bekämpft hast, kannte sie auch nicht. Der Kaiser hat dir dieses Imperium aus dem Weg geräumt. Es ist wieder Platz in der Weltgeschichte. Die Römer treten ab, die Bühne wird frei, die Germanen sind an der Reihe.

ODOAKER *kopfschüttelnd* Ich verstehe die Welt nicht mehr.

ROMULUS Dich, den Isaurier Zeno, setze ich wieder zum Kaiser von Ostrom ein.

ZENO *zweifelnd* Ich bin gänzlich ungeeignet für diesen Beruf.

ROMULUS Das macht nichts. Von hundert Kaisern sind neunundneunzig immer ungeeignet und der hundertste dankt ab.

ZENO *erleichtert* Dann werde ich noch heute nach Konstantinopel zurückkehren.

ROMULUS Der König von Italien weist mir die Villa des Lucull in Campanien zum Wohnsitz an. Ich habe dieses Landhaus immer bewundert. Von seinem Schlafzimmer aus kann man den feuerspeienden Vesuv erblicken. Ein Bild, das ich mir vom Bett aus sehr vergnüglich denke. Außerdem werde ich dort eine enorme Hühnerfarm errichten.

ODOAKER Ich will alles tun, was Sie wünschen.

ROMULUS Dafür schicke ich dir täglich frische Eier nach Rom. Ein König muß hauptsächlich Eier essen, wenn er regiert. Das Ei macht gnädig.

ODOAKER Die Eier des Kaisers werden der Stolz meiner Küche sein. Zum Dank schicke ich Ihnen jährlich die hundert besten Gedichte junger Germanen.

ROMULUS *etwas erschrocken* Lieber nicht. Ich bin zu alt, um noch Germanisch zu lernen, und Übersetzungen geben nicht den richtigen Eindruck. Es ist besser, du richtest mir statt dessen eine Pension von sechstausend Goldmünzen im Jahr aus sowie sechshundert Flaschen besten Falerners. Mehr brauche ich nicht.

ODOAKER Diese Pension soll der erste Artikel der neuen Verfassung Italiens sein.

ROMULUS *aufseufzend* Ich habe es erreicht. Ich komme doch noch zu einem gesicherten Einkommen. Die kaiserlichen Hungerjahre sind zu Ende.

Er zieht den Lorbeerkranz und die Kaisertoga aus und gibt sie Odoaker.

ROMULUS Hier hast du noch meinen Lorbeerkranz und die Kaisertoga. Das Reichsschwert findest du auf dem Estrich.

ODOAKER *gerührt* Ich will alles im demnächst zu gründenden Museum für Antike ausstellen lassen als die kostbarsten Kleinodien der alten Geschichte.

ROMULUS Das ist nicht nötig. Decke dich mit der Kaisertoga zu, wenn du schlafen willst, und du wirst als König von Italien ebenso gut schlafen wie ich als Kaiser von Rom.

Alle schwingen die Schwerter.

ALLE Es lebe Romulus der Große!

Kaiser Romulus nimmt die Büste des Königs Romulus unter den Arm.

ROMULUS Damit, meine Herren, hat das römische Imperium aufgehört zu existieren.

Der Kaiser geht langsam, die Büste unter dem Arm, nach rechts hinaus.
Mit langsam sinkenden Schwertern starren ihm alle nach.

Einleitung zu einem Fragment

Sechs Jahre nachdem Romulus Augustulus in Pension ging, wurde in der Nähe des heutigen Skopje, im Dorfe Tauresium, Justinian geboren. Sein Vater war Bauer. Sein Onkel Justin, auch ein Bauernbursche, war etwa um 470 mit zwei weiteren seines Dorfes, die Zimarchos und Ditybistos hießen, »auf ihren Schultern Säcke, in die sie daheim nur schwarzes Brot gesteckt hatten«, nach Byzanz marschiert und vom Kaiser Leon I. in die Palastwache aufgenommen worden, »denn alle drei waren stattliche Erscheinungen«. Sie machten Karriere, Justin die größte, er wurde 518 Kaiser.

Seinen Neffen Justinian, der Flavius Petros Uprawda hieß, ließ er schon vorher nach Byzanz kommen. Beider Muttersprache ist ungewiß, es war wohl das Illyrische; doch da niemand genau weiß, was das Illyrische war, ist nur auszumachen, daß sie außerdem noch Latein sprachen und später, als byzantinische Kaiser, Griechisch. Justin konnte sich in dieser Sprache jedenfalls ausdrücken, im übrigen zeichnete er sich dadurch aus, daß er der erste und letzte Analphabet auf dem byzantinischen Throne war: wahrscheinlich war er deshalb ein gar nicht so übler Kaiser.

Wie sein berühmter, weitaus gebildeterer Neffe, der Bauernjunge Justinian, als Kaiser einzuschätzen ist, hängt vom Geschichtsbild ab, das sich einer macht: für seine Zeitgenossen war er ein menschenfressender Dämon, für seinen Geschichtsschreiber Prokop ein Schuft und Schwächling, dazu dumm wie ein Esel; Dante unterhält sich mit ihm im Paradies; die Nachwelt hält ihn für den letzten großen spätantiken Imperator – erreichte doch Ostrom unter seiner Herrschaft beinahe die Ausdehnung des alten römischen Imperiums, selbst in Spanien

faßte es wiederum Fuß. Es blähte sich unter Justinian auf wie
eine Sonne, die eine Nova wird, weshalb Ostrom denn auch
ausblutete, verarmte und nach Justinians Tod zusammenzubre-
chen begann – selten ist ein politisches Riesenwerk sinnloser
gewesen. Was sich 45 Jahre später unter dem Kaiser Herakleios
aus den Trümmern erhob, war das mittelalterliche, nicht mehr
das antike Byzanz – ein Byzanz freilich, das vieles von der
justinianischen Ideologie übernahm, nicht als lebendiges
Fleisch, sondern als ein verkalktes antik-christliches Skelett.
Byzanz überlebte wie der Steinerne Gast im ›Don Juan‹.

Daß dieses seiner Struktur nach anachronistische Imperium,
welches nach Justinians Tod zuerst von Persern, dann ständig
von Arabern und Slawen angegriffen wurde und ständig selber
angriff, mehr als sechshundert Jahre bestehen konnte, bis es im
Vierten Kreuzzug dem sinnlosen Angriff der barbarischen
Kreuzfahrer und Venetianer unter dem 96jährigen Dogen Dan-
dolo am 13. April 1204 erlag, um sich nach der Plünderung
noch einmal aufzuraffen (so zäh war dieses Gebilde, das erst
1453 von den Türken ausgelöscht wurde – der letzte Kaiser
Konstantin XI. fand in den Straßenkämpfen gegen die Osma-
nen in seiner Hauptstadt den Tod), daß dieses oströmische
Imperium über derartige Zeiträume hindurch zu überleben
vermochte, verdankte es nicht nur seinem unbändigen Völker-
gemisch, angeführt von oft monströsen, oft schlauen und stets
skrupellosen Kaisern, sondern auch einer ideologischen Fik-
tion, die auch dann noch wirksam war, wenn von jenen, denen
sie nützte, niemand mehr an sie glaubte: nichts ist politisch
wirksamer als der Zynismus. Unter dem Widerspruch, in wel-
chen das Denken immer wieder mit dem Sein gerät, leiden die
Herrschenden nie, wohl aber jene, die von ihnen beherrscht
werden; um so schlimmer für sie, wenn sie die Herrschenden
darauf aufmerksam machen.

Ideen sind etwas vom Hartnäckigsten, vor allem die sterilen:
Unser Leben währt siebzig Jahre, und wenn's hochkommt, so
sind's achtzig Jahre, fixe Ideen währen Jahrtausende, Justinians

Cäsaropapismus lebt nicht nur in Rom weiter, sondern weit eindrücklicher in der Sowjetunion. Ist der Papst zwar nicht der Stellvertreter Gottes wie ein oströmischer Kaiser, wohl aber der seines Sohnes, galt Väterchen Zar immer als heilig, seit Iwan III. die Nichte des letzten byzantinischen Kaisers heiratete: heute vertritt der Kreml gleich den Weltgeist. Kaisertum und Religion bildeten in Byzanz eine Einheit, politisches Denken war gleichzeitig religiöses Denken, die byzantinischen Kaiser feilten an christlichen Dogmen herum wie heute die ideologischen Denker im Kreml an den ihren.

Justinian selber, der Päpste ein- und absetzte, war seinem Wesen nach offenbar ein menschenscheuer bauernfleißiger Despot; der Bauernjunge vermochte in Byzanz nicht Fuß zu fassen, darum blieb er gleich dort; einmal angekommen, verließ er die Stadt nicht mehr. Sein Riesenreich ließ er sich zwar zusammenerobern, aber er selber bereiste sein Imperium nie.

»Einige seiner Diener, die zu später Stunde noch bei ihm im Palatium weilten, Männer mit ganz reiner Seele, glaubten statt seiner eine ihnen unbekannte Gespensterscheinung zu erblikken. Der Kaiser habe sich, so erklärte einer, plötzlich von seinem Throne erhoben und sei dort herumgegangen; denn lange pflegte er nicht zu sitzen. Dann sei dessen Haupt plötzlich verschwunden, und nur der übrige Körper habe, wie es schien, die ausgedehnten Wanderungen fortgesetzt. Der Beobachter selber habe, da der Anblick seine Augen völlig verwirrte, ganz ratlos dagestanden. Später sei, wie er glaubte, der Kopf zum Körper zurückgekehrt, so daß sich das Fehlende überraschend ergänzte. Ein anderer Gewährsmann behauptet, er sei neben dem Sitze des Kaisers gestanden und habe gesehen, wie sein Antlitz plötzlich zu einem formlosen Fleischklumpen wurde. Es trug weder Brauen noch Augen an der entsprechenden Stelle, und auch sonst war alles verschwommen. Mit der Zeit habe indessen Justinian seine alten Züge wiederbekommen.« Das schreibe er nicht als Augenzeuge, sondern nur auf den Bericht von Leuten hin, die es damals gesehen haben wollen, fügt

Prokop in seiner ›Anekdota‹ hinzu. Dieser Stellen wegen und weil er Justinians dämonischem Wesen nicht nur die Opfer der unzähligen Kriege, sondern auch jene der Epidemien und der Erdbeben zuschreibt, wurde seine Geheimgeschichte als Pamphlet abgetan. Ich glaube, sie ist mehr: ein Protest gegen Justinians Politik an sich, die Prokop als ungeheuerliches Verbrechen hinstellt, auch wenn das Denken, das hinter diesem Protest steht, einer Zeit entspricht, die längst vergangen war. Prokop fühlte sich, obgleich er griechisch schrieb, als Römer, nicht als Grieche, wie sich ja auch die Byzantiner nie als Griechen, sondern stets als ›Romaioi‹ bezeichneten.

Doch ist Justinian nicht nur durch seine politische und durch seine juristische Restauration, durch das ›corpus juris‹, verfaßt vom ebenso großen wie korrupten Juristen Tribonian, und die ›Novellen‹, die der Kaiser selber schrieb, sowie durch den Bau der Hagia Sophia und durch seine Anordnung, die Universität von Athen, die sich auf Platon zurückführte, im Jahre 529 zu schließen (an den anderen Universitäten wurde nur noch das Studium gewisser Werke des Aristoteles zugelassen), oder gar durch seinen mühseligen Krieg gegen die Goten, der Italien verwüstete, berühmt geworden, sondern mehr noch durch seine Heirat mit Theodora, die eine Schauspielerin und Straßendirne gewesen war und als Kaiserin bedeutend wurde. Schokkierte Historiker rätseln noch heute an dieser Ehe herum, wobei auffällt, daß sie nicht daran zweifeln, Justinian habe Theodora leidenschaftlich geliebt, während ich zweifle, ob Justinian überhaupt leidenschaftlich habe lieben können. Die Ehe scheint mir ein Zug kalter Berechnung und nicht einer der Leidenschaft gewesen zu sein. Schon sein Onkel Justin hatte eine ehemalige Lagerdirne geheiratet, eine Ehe, über die das Volk zwar Witze riß, die Justin aber populär machte, was der bauernschlaue Analphabet genau wußte.

Justinian, den sein Onkel zum Kaiser machte, fehlte jenes, was seinen Onkel zum Kaiser gemacht hatte: Popularität. Justinian heiratete Theodora, um populär zu werden. Über sie hatte das

Volk im Zirkus gelacht; daß sie herumgehurt hatte, um ihr
Leben zu fristen, machte sie nur für gebildete Moralisten wie
Prokop und für den Adel lasterhaft, nicht für das Volk. Mit
Theodora stieg eine aus dem Volk zur Macht – und als Volk galt
der Masse der Millionenstadt Konstantinopel eine Dirne und
nicht ein Bauer aus der Provinz. Auf den Adel und die Moralisten brauchte Justinian keine Rücksicht zu nehmen – auch
Belisar, sein berühmter Feldherr, heiratete eine Dame von
obskurer Herkunft –, und für den Klerus genügte es, wenn
Theodora fromm wurde, und sie wurde fromm, und wie. Doch
verfehlte diese gut berechnete Ehe ihren Sinn: Justinian wurde
nie populär, keine Ehe der Welt hätte diesen Kaiser populär zu
machen vermocht, und wenn im gräßlichen Nika-Aufstand
532, in welchem sich das Volk Konstantinopels gegen Justinian
erhob, Theodora im Verein mit Narses den Kaiser rettete, so
nur, weil Theodora wußte, wie dieses Volk beschaffen war, das
sich da erhob.

Doch ist weder Justinian noch Theodora der Grund, weshalb
ich 1963 die Komödie *Kaiser und Eunuch* zu schreiben begann,
es war mehr eine Reminiszenz aus Wielands Roman ›Peregrinus
Proteus‹, den ich um das Jahr 1953 herum las und der mich
nachträglich verführte. Wir waren 1952 nach Neuchâtel gekommen, und irgendwann, beim Herumstöbern in einem Antiquariat in der Faubourg de l'Hôpital fiel mir die Erstausgabe sämt-
licher Werke Wielands in die Hände, die ich für 104 Schweizer
Franken erstand. Sie mußte sich noch aus der Zeit Neuchâtels
ins Antiquariat herübergerettet haben, als der Fürst Neuen-
burgs der König von Preußen war. Die Bände stammten aus der
Hinterlassenschaft eines gewissen ›Fréd.ᶜSacc.‹. ›Fréd.ᶜ‹ ist
offenbar eine Abkürzung von Frédéric, was ›Sacc.‹ bedeutet,
weiß ich nicht.

Im Roman ›Peregrinus Proteus‹ nun führte Wieland einen
gewissen Kerinthus ein, den Erfinder der Katholischen Kirche,
und es reizte mich, eine Gegenfigur zu erschaffen: den Erfinder
des totalen Staates; warum ich freilich Narses dazu machte,

weiß ich nicht mehr: Byzanz war zwar ein totaler Staat, aber das war Sparta ja auch. Doch bin ich hinter die Schachzüge meines Geistes nie recht gekommen. Aufschlüsse gibt wahrscheinlich die Persönlichkeit des sonderbaren Helden.

Narses wurde 480 n. Chr. in Persisch-Armenien geboren, wohl in der Ararat-Ebene, wo ich 1964 die Trümmer des Palastes seiner Familie besuchte. Er machte in Konstantinopel Karriere, wurde Leiter der kaiserlichen Hofhaltung und der Leibwache, besiegte später die Goten, noch später die Alemannen und starb in Rom 569, 89jährig, enorm reich, als oströmischer Exarch in einem riesigen, halbzerfallenen Palast der ehemaligen Imperatoren. Narses war Eunuch wie viele byzantinische Staatsmänner auch. Es fällt auf, wer nicht alles in Byzanz Kaiser werden konnte: Zeno hieß in Wirklichkeit Tarasicodissa und war ein Häuptling der als Seeräuber berüchtigten Isaurier; Justin und Justinian waren illyrische Bauern; Phokas, der den tüchtigen Kaiser Maurikius stürzte, war ein Mann, der nicht einmal seinen Vater kannte, möglicherweise war seine Mutter eine von einem Hunnen vergewaltigte Thrakerin; später kamen wilde Abenteurer aller Völker des Imperiums auf den Thron. Die einzige Möglichkeit, einen Mann wirklich vom Thron auszuschließen, war, ihn zum Mönch zu machen oder ihn zu kastrieren. Die Eunuchen spielten daher im byzantinischen Imperium eine entscheidende Rolle: nicht als Kaiser, was sie nicht werden konnten, sondern als Funktionäre.

Was nun meinen Versuch betrifft, über die Zeit Justinians eine Komödie zu schreiben, so muß vorerst untersucht werden, warum ich die Geschichte an sich – und das gilt für alle meine ›historischen Komödien‹ – nicht im Sinne Schillers bearbeite. Schiller behandelte die Geschichte als Vorlage, über die er das Netz seiner Dramaturgie warf, ich behandle sie als Stoff, aus dem sich meine Dramaturgie kristallisiert: Vom rein Historischen aus wäre Justinian, ein steriler Asket, nicht ungeeignet, den Erfinder des totalen Staates und seiner Ideologie darzustellen. Petronius berichtet: »Er hatte sozusagen kein Schlafbedürfnis und sättigte sich auch nie an Speisen und Trank. Nur mit den Fingerspitzen kostete er obenhin und hatte dann schon genug. Derlei erschien wie eine nebensächliche Naturnotwendigkeit. Vielfach blieb er zwei Tage und zwei Nächte ohne Nahrung, zumal wenn es die vorösterliche Zeit so mit sich brachte. Dann aß er, wie schon gesagt, zwei Tage lang nichts und lebte nur von etwas Wasser und Kräutern. Er schlief gelegentlich eine Stunde, den Rest der Nacht verbrachte er mit dauerndem Umhergehen. Hätte er freilich gerade diese Zeit zu Wohltaten benützt, so wäre es dem Staate sehr gut ergangen. So aber mißbrauchte er seine natürliche Kraft zum Schaden der Römer und zerstörte ihr Reich bis auf den Grund. Das dauernde Wachen, Mühen und Sichquälen nahm er einzig und allein zu dem Zwecke auf sich, täglich gräßlichere Übel für die Untertanen auszuhecken. Er war, wie gesagt, außerordentlich scharf im Ersinnen und schnell im Ausführen ruchloser Taten, so daß bei ihm sogar die Vorzüge der Natur zum Schaden der Untertanen ausschlugen.«

Diese Stelle ist eindrücklich. Doch dramaturgisch eignet sich der Eunuch Narses weit besser: Dramaturgie ist eine dialektische Angelegenheit (deshalb führe ich mit dem Dialektiker Hegel Krieg; er verwechselt das Theater mit der Wirklichkeit). Ein Eunuch ist zwar von der höchsten Macht, der des Kaisers, ausgeschlossen, aber damit ist er nicht eins mit ihr, er identifiziert sich nicht mit ihr, er subjektiviert sie nicht, er objektiviert sie: er rächt sich an der Macht, die er nicht besitzen kann, indem er sie beherrscht; weil er sie nicht besitzt, ist er von ihr besessen wie ein Künstler von seinem Gegenstand, er steht der Macht gegenüber, er ist der Überdenker der Macht.

Justinian ist ein Sklave der Macht – nicht der historische, der eigentlich wie der ›Eunuch‹ meiner Komödie war –, aber in meiner Phantasie. Ich versuchte damals darzustellen, wie sich ein Ideologe alles unterwirft, ohne äußere Macht anzuwenden, allein durch den Intellekt: nicht ein antiintellektuelles Stück, sondern ein Stück gegen den ideologischen Intellekt. Geschrie-

ben habe ich freilich nur den ersten Akt: die Ermordung Justins,
die Ankunft des Bauernjungen Justinian mit seiner Geliebten,
dem Bauernmädchen Xenia, die Ernennung Justinians zum
Kaiser, seine kindliche Rache an Narses. Ich hörte auf, weil mir
der Gegenstand schriftstellerisch keinen Widerstand bot, er war
für mich kein künstlerisches Abenteuer mehr. Der weitere
Verlauf ist mir nur schemenhaft in Erinnerung geblieben.

Ursprünglich ging ich vom zweiten Akt aus, vom ›gefangenen
Narses‹ (den ich denn auch gezeichnet* habe); auch den Feldherrn Belisar, einen gewaltigen Maulhelden, stellte ich mir
gefangen vor, beide in einem Käfig mitten auf der Bühne; ferner
eine groteske Zeremonie aller Scharfrichter Ostroms: jeder
preist sich als der tüchtigste an, ist es doch für jeden eine Ehre,
Narses hinrichten zu dürfen; schließlich Justinian, der Bauernjunge, der, Kaiser geworden, Narses verhaften ließ und der nun
von der Palastwache und den ›Grünen‹ und ›Blauen‹, von
beiden politischen Parteien, durch den Palast gehetzt wird; aber
auch die Kaiserin Euphemia trachtet nach seinem Leben,
ebenso der Patriarch Sergius und der Ministerpräsident Patrizius, bis der verängstigte junge Kaiser zu Narses ins Gefängnis
flüchtet. Nur beim Gefangenen fühlt er sich sicher, bei Narses,
der nun allein durch sein Denken den Gegenschlag inszeniert.
Der Eunuch beherrscht die Macht wie ein Schachspiel. Die
Feinde benötigen ihn, weil jeder einen jeden haßt, und so
vernichten sie sich gegenseitig.

Im dritten Akt zwingt Narses Justinian, Theodora zu heiraten,
eine Straßendirne mit einer erbärmlichen Vergangenheit und
dennoch ein geniales und schönes Geschöpf, das sich in den
Bauernjungen verliebt und das den noch nie Verführten verfüh-
ren möchte, aber die beiden werden gezwungen, aus Staats-
räson ein heiliges Leben in Keuschheit zu führen, gleichsam
selber Eunuchen zu werden; Frömmigkeit als Ideologie. Ver-

---

*In: ›Bilder und Zeichnungen‹, Zürich: Diogenes 1978.

geblich empören sich die beiden. Lieben sie sich, werden sie hingerichtet: der Kaiser und die Kaiserin haben heilig zu sein. Was der Eunuch nicht kann, haben sie nicht zu dürfen. Vierter Akt. Der fast hundertjährige Narses als Exarch des byzantinischen Imperiums im alten zerfallenen Kaiserpalast in Rom, er hat alle überlebt: Justinian, Theodora, Belisar. Ein Gesandter Justins II., des neuen Kaisers, ist gekommen, dem uralten Eunuchen dessen Entlassung zu melden, aber er kehrt nach Byzanz zurück, ohne seinen Auftrag ausgeführt zu haben, so sehr fürchtet er Narses. Der Papst Johannes III. erscheint, um von dem doch nun machtlosen Exarchen Hilfe gegen die in Italien eingefallenen Langobarden zu erhalten. Narses lacht ihn aus: »Ich habe sie selber ins Land gerufen, Papst, die Germanen lassen sich ebensowenig aufhalten wie die Slawen. Ein Volk kommt nach dem anderen. Was bleibt, sind wir beide. Du, Papst, und ich, Eunuchen wir beide. Was haben denn die Kriege und Auseinandersetzungen, die wir führen, für einen Sinn? Du gegen den Kaiser und der Kaiser gegen dich, ihr beide gegen die Arianer, Monophysiten, Ditheisten und wie die Häretiker alle heißen, und ich gegen die Funktionäre, die nach meiner Stellung streben, auch diese führen sie im Namen einer Idee, und sei es die der Gerechtigkeit. Es geht nicht um sie, unsere Kämpfe sind unsere Sandspiele, denen wir einen Sinn geben, den sie nicht haben, denn ohne Sinn kann der Mensch nicht leben. Wir sind Sinn-Erfinder, Papst, sollen wir an den Sinn selber glauben, den wir erfinden? Nicht der Sinn, nur die abstrakte Macht zählt, die Form, in die wir den Sinn hineinprojizieren, die Idee der Macht, das klappernde Skelett, um das die Macht ihren blutigen Mantel hängt. Nicht die Menschen zählen, nur ihre Ordnungen, auch wenn diese immer wieder in Staub zerfallen. So wie der Kaiser, den ich erzogen habe, und so wie du und ich einmal zerfallen werden. Du, Papst, noch vor mir. Geh, ich friere.«

Geschrieben 1980 für die vorliegende Ausgabe.

Kaiser und Eunuch

Die Komödie der Macht
(Fragment)

Personen

Justinian
Xenia
Narses
Justin
Euphemia
Vitalian
Patrizius
Demosthenes
Lupicina
Sergius
Lakinios
Soldaten, Priester

Geschrieben 1963

1. Kaiserliches Schlafzimmer.

*Vor einem roten Vorhang halten rechts ein Soldat, links ein
Priester Wache.*
*Von links kommt ein Bauernjunge mit einem Korb Eier und ein
Bauernmädchen. Der Junge schwarzhaarig, das Mädchen
blond, es hält die Hand des Jungen ängstlich umklammert. Der
Junge schaut sich um, geht zaghaft zum Priester.*

DER JUNGE Ich möchte meinen Onkel Justin sprechen.

*Der Priester öffnet schweigend den Vorhang, läßt den Jungen
und das Mädchen durch.*
Der Soldat und der Priester stehen Wache.
*Von rechts kommt ein Offizier mit einem Strick, der Soldat
salutiert, der Offizier geht hinter den Vorhang.*
Der Soldat und der Priester stehen Wache.
*Der Offizier kommt hinter dem Vorhang hervor, steckt den
Strick in die Manteltasche, der Soldat salutiert, der Offizier geht
rechts ab.*
Der Soldat und der Priester stehen Wache.
*Von links kommt ein zweiter Priester mit einem Dolch. Der
erste Priester verneigt sich, der zweite Priester geht hinter den
Vorhang.*
Der Soldat und der Priester stehen Wache.
*Der zweite Priester kommt hinter dem Vorhang hervor, wischt
den Dolch am Vorhang ab, der erste Priester verneigt sich, der
zweite Priester geht links ab.*
Der Soldat und der Priester stehen Wache.
Von rechts kommt Narses.

NARSES Öffnet den Vorhang.

Der Soldat und der Priester ziehen den Vorhang auseinander.
Auf einem breiten Bett liegt der blutige Leichnam eines alten,
kostbar gekleideten Mannes. Vor dem Bett liegt der Korb, einige
Eier liegen herum. Vom Bauernjungen und vom Mädchen ist
nichts zu sehen.
Narses geht zum Bett, beugt sich über die Leiche, wendet sich an
den Soldaten.

NARSES Melde das Vorgefallene.

Der Soldat geht nach rechts ab.
Narses wendet sich an den Priester.

NARSES Du auch.

Der Priester geht nach links ab.
Narses setzt sich neben den Ermordeten auf den Bettrand, liest
die Eier auf, legt sie vorsichtig in den Korb.
Von rechts kommen die Kaiserin Euphemia, der Feldherr Vita-
lian, der Reichsminister Patrizius und der Führer der blauen
Zirkuspartei, Demosthenes.
Von links kommen die Kaiserin Lupicina, der Patriarch Sergius
und der Führer der grünen Zirkuspartei, Lakinios.

VITALIAN Wer hat ihn erdrosselt?
SERGIUS Wer hat ihn erdolcht?
NARSES *ruhig* Er ist erdrosselt und erdolcht worden.

Eisiges Schweigen.

EUPHEMIA Wo ist der Knabe?
NARSES Ich nehme an, unter dem Bett.
NARSES *hebt das Linnen auf* Kriech hervor, mein Junge.

Unter dem Bett kriecht zur Verblüffung aller das Bauernmädchen hervor.

DAS MÄDCHEN Er hat es nicht getan.

Schweigen.

PATRIZIUS *trocken* Eine Göre.
SERGIUS *würdevoll* Die Kirche muß um eine Erklärung bitten.
NARSES Nur Geduld. *Hebt das Linnen von neuem hoch* He, mein Junge, Courage.

Unter dem Bett kriecht der Bauernjunge hervor.

DER JUNGE Ich will wieder heim.
NARSES Steh auf.

Der Bauernjunge und das Mädchen erheben sich verstört.

LUPICINA Na also. Da ist er.
VITALIAN Er ist furchtsam. Etwas Besseres können wir uns gar nicht wünschen.
PATRIZIUS *trocken* Falls er der Richtige ist.
LAKINIOS Das muß bewiesen werden, sollen wir mitmachen.
DEMOSTHENES Ohne Beweise keine Zustimmung.
EUPHEMIA Frag ihn aus, ehrwürdiger Vater.
SERGIUS Na schön.

Schweigen.

SERGIUS Wie heißt du, mein Sohn?

Schweigen.

NARSES Antworte, mein Junge.

Schweigen.

VITALIAN Das Kerlchen zittert.

Schweigen.

DAS MÄDCHEN Er heißt Justinian.
SERGIUS Sein Alter, meine Tochter?
DAS MÄDCHEN Sechzehn. Und er ist tapfer. Er hat den Goten
 Taterich erschlagen.
SERGIUS Und woher kommt ihr beide, meine Tochter?
DAS MÄDCHEN Aus dem Dorfe Taurision in Dacien.
SERGIUS Liegt in der Nähe dieses Dorfes die Festung Bede-
 riana, meine Tochter?
DAS MÄDCHEN Sein Onkel Justin wurde dort geboren.

Schweigen.

PATRIZIUS Sein Onkel Justin.
SERGIUS Es ist kein Zweifel mehr möglich.
VITALIAN Na ja, gehandelt haben wir schon.

Schweigen.

LUPICINA Doch wer bist du, mein Kind?
DAS MÄDCHEN Ich heiße Xenia.
EUPHEMIA Auch sechzehn?
DAS MÄDCHEN Auch.
LUPICINA Und weshalb bist du hier?
DAS MÄDCHEN Ich bin Justinians Braut.

Schweigen.

PATRIZIUS Unwahrscheinlich.
EUPHEMIA Narses, beabsichtigst du eigentlich, eine Bauern-
 dynastie zu züchten?

NARSES Verzeih. Das Mädchen war nicht geplant.
LUPICINA Abführen.

Zwei Soldaten treten von rechts vor, ergreifen das Mädchen.

DAS MÄDCHEN Justinian!
JUSTINIAN Xenia!

Wirft sich auf die zwei Soldaten, schlägt sie nieder, steht dann aber vor Vitalian, der ihm ruhig das Schwert auf die Brust setzt.

VITALIAN Nun aber schön ruhig, mein Kerlchen.

Justinian weicht totenbleich zurück.

VITALIAN Hier wird pariert, verstanden?

Die beiden Soldaten haben sich wieder erhoben.

VITALIAN Raus mit ihr.

Das Mädchen wird nach rechts hinausgeführt.

VITALIAN Gar so furchtsam ist das Kerlchen ja nun auch nicht.

Steckt das Schwert in die Scheide.

PATRIZIUS Überlegen wir es uns noch einmal gründlich.
LAKINIOS Es gibt keine andere Wahl mehr.
DEMOSTHENES Beschlossen ist beschlossen.
EUPHEMIA Narses, bereite den Knaben vor.
LUPICINA Meine Herren, ins Konsistorium.

Mit der Regierung und den Parteiführern nach rechts ab. Narses bleibt auf dem Bettrand sitzen.

JUSTINIAN Ich will wieder heim.
NARSES Das sagst du nun schon zum zweitenmal, mein Junge.
Zieh dem Toten die roten Schuhe aus.

Justinian starrt ihn fassungslos an.

NARSES Wird's?
JUSTINIAN Ja, Herr.

Zieht dem Ermordeten die Schuhe aus.

NARSES Zieh sie an.
JUSTINIAN Ja, Herr.

Zieht die Schuhe an.

NARSES Mach einige Schritte.

Justinian gehorcht.

JUSTINIAN Sie passen.
NARSES Setz dich zu mir.
JUSTINIAN Neben den Toten?
NARSES Neben den Ermordeten.

Justinian setzt sich auf den anderen Bettrand.

JUSTINIAN Wo ist Xenia?

Schweigen.

JUSTINIAN Was geschieht mit ihr?

Schweigen.

JUSTINIAN Der Priester meines Dorfes las mir einen Brief aus

Byzanz vor. Mein Onkel Justin nehme eine hohe Stellung in dieser Stadt ein, ich solle ihn besuchen. Vor dem goldenen Tor werde mich ein einäugiger Jude erwarten und mich zu ihm führen. Meine Mutter gab mir einen Korb Eier, und ich machte mich mit meiner Braut auf den Weg. In jedem Dorf tauschten wir die Eier gegen frische um, manchmal mußten wir auch stehlen. Nach vier Monden kamen wir vor das goldene Tor der Stadt Byzanz, ein einäugiger Jude trat auf mich zu und fragte mich, ob ich Justinian sei. Dann führte er uns durch viele Gassen und über viele Treppen vor eine große Mauer. Eine kleine Türe öffnete sich, ohne daß ich sah, wer sie öffnete, und als wir dem Juden folgten, gelangten wir in eine prächtige Halle. Der Jude öffnete eine größere Türe und befahl uns einzutreten und nach meinem Onkel zu fragen. Ich spähte durch die Türe. Sie führte in eine noch prächtigere Halle mit Säulen, doch war niemand zu sehen. Ich wandte mich wieder zum einäugigen Juden um, doch er war verschwunden. Ich nahm meine Braut bei der Hand, und wir wanderten durch die Säulenhalle, bis wir eine neue Türe fanden. Ich öffnete sie und kam hierher. Vor dem roten Vorhang standen ein Priester und ein Soldat. Ich fragte den Priester nach meinem Onkel. Er zog den Vorhang auseinander und ließ uns durch. Der Mann auf diesem Bett starrte uns an. Ich fragte, ob er mein Onkel Justin sei, doch er gab keine Antwort. Da kam durch den Vorhang ein Soldat mit einem Strick und warf sich auf den alten Mann und erdrosselte ihn. Wir flüchteten hinter das Bett. Als der alte Mann erdrosselt war, ging der Soldat davon. Darauf kam ein Priester mit einem Dolch und stieß ihn in den Leib des alten Mannes. Wir krochen unter das Bett, und dann bist du gekommen.

Schweigen.

NARSES Der alte Mann, mein Junge, war der Kaiser von Ostrom, dein Onkel Justin.

JUSTINIAN *erschrocken* Der Kaiser!

Schweigen.

JUSTINIAN Und ich habe seine Schuhe an.
NARSES Die roten Kaiserschuhe.

Justinian streift entsetzt die Schuhe ab.

JUSTINIAN Wer bist du?
NARSES Der Eunuch Narses, der Präsident des kaiserlichen
  Kabinetts.
JUSTINIAN Die anderen?
NARSES Die Kaiserin Euphemia, die Kaiserin Lupicina, der
  Reichsminister Patrizius, der Feldherr Vitalian, der Patriarch
  Sergius und die zwei Parteiführer Demosthenes und Laki-
  nios.

Justinian erhebt sich.

JUSTINIAN Ich will in mein Dorf zurück.
NARSES So. In dein Dorf. Etwas anderes fällt dir immer noch
  nicht ein.
JUSTINIAN *trotzig* Ich bin ein Bauer. Ich will nichts von diesen
  Kaiserinnen wissen und nichts von ihren Ministern und
  Feldherren. Ich bin hierhergekommen, weil ich hoffte, etwas
  Geld für zwei neue Kühe aufzutreiben.
NARSES *lacht* Das habe ich mir gedacht.
JUSTINIAN Gib mir Xenia zurück, und ich gehe wieder.
NARSES *trocken* Xenia ist tot.

Totenstille. Justinian starrt Narses an.

JUSTINIAN *leise* Du lügst.

Narses schweigt.

JUSTINIAN Das darf doch nicht –
NARSES Sie war Zeuge, wie der Kaiser Justin ermordet wurde.
JUSTINIAN *schreit* Aber ich war doch auch Zeuge!
NARSES Sicher. Aber deinetwegen hat man ihn schließlich auch
  ermordet. Sozusagen zweimal.
JUSTINIAN Meinetwegen?

Er setzt sich unwillkürlich wieder auf den Bettrand.

NARSES Du bist Kaiser Justins einziger Nachkomme.
JUSTINIAN Das ist doch kein Grund –
NARSES Wenn dir dein Leben lieb ist, ist es höchste Zeit, deine
  zwei Kühe zu vergessen und die Lage zu kapieren, in die du
  geraten bist. Kaiser Justin war ein Bauer wie du, und er blieb
  ein Bauer, der weder lesen noch schreiben konnte. Er war ein
  guter Soldat, und deshalb hat man ihn auch zum Kaiser
  gemacht, denn die Perser und Araber, die Hunnen, Slawen,
  Türken und Germanen an unseren Grenzen zwingen das
  Reich immer wieder, das Nötigste zu tun. Justin war Kaiser,
  solange sich der Adel und das Heer, die Verwaltung und die
  Kirche, die Partei der Grünen und jene der Blauen in Schach
  hielten. Davon konnte er profitieren. Denn an diesem Hofe,
  mein Junge, stellt jeder jedem nach, und nur der hält sich
  draußen, den die Uneinigkeit aller unersetzlich macht.
  Justin war unersetzlich, solange er keinen Erben besaß; die
  Kämpfe, einen neuen Kaiser zu wählen, wären so furchtbar
  ausgefallen, daß ein jeder sich lieber Justin unterwarf. Erst
  als du aufgetaucht bist, war es um seine Unersetzlichkeit
  geschehen. Zu alt, um noch als Feldherr wirksam zu sein,
  konnte er nun durch einen legalen, aber harmlosen Nachfolger ersetzt werden. Man ermordete deinen Onkel, um dich
  zum Kaiser zu erheben, mein Junge.

Justinian starrt Narses entsetzt an.

JUSTINIAN Kaiser? Ich soll Kaiser werden?

NARSES Es bleibt dir nichts anderes übrig.

JUSTINIAN Ich will nicht!

NARSES Man wird dich töten, falls du dich weigerst. Du bist in
Byzanz, mein Junge.

JUSTINIAN Ich weiß. Xenia ist tot.

NARSES Zieh die Schuhe des Kaisers wieder an.

JUSTINIAN Nein. Ich will auch sterben.

NARSES Unsinn.

JUSTINIAN Ich bin kein Feigling.

NARSES Gewiß nicht.

Schweigen.

JUSTINIAN Wer schrieb den Brief?

NARSES Nun, offenbar ließ ihn der Kaiser schreiben.

JUSTINIAN Er war sein Todesurteil. Der Kaiser kann von ihm
nichts gewußt haben.

NARSES Ich stelle mit Vergnügen fest, daß du zu denken vermagst, mein Junge.

JUSTINIAN Wer schrieb den Brief?

NARSES Ich.

Schweigen.

JUSTINIAN Weshalb?

NARSES Ich bin ein Armenier. Als ich in deinem Alter war, fiel
ich in byzantinische Gefangenschaft. Der Kaiser von Ostrom, Justin, machte mich zu einem Eunuchen.

JUSTINIAN Du hast dich gerächt.

NARSES Ich habe mich gerächt.

JUSTINIAN Soldat!

Von rechts der Soldat.

SOLDAT He?

JUSTINIAN Verhafte Narses.

SOLDAT Was will der Schlingel?

NARSES Was trägt er für Schuhe?

SOLDAT Die Kaiserschuhe, Exzellenz.

NARSES Der Schlingel ist Kaiser geworden. Los, führe mich ab.

SOLDAT Aber –

NARSES Gehorche.

JUSTINIAN Ich will mich rächen. Ich will mich rächen.

Friedrich Dürrenmatt

Labyrinth
Stoffe I – III
Der Winterkrieg in Tibet
Mondfinsternis · Der Rebell

Turmbau
Stoffe IV – IX
Begegnung · Querfahrt
Die Brücke · Das Haus
Vinter · Das Hirn

»Der Versuch, die Geschichte meiner ungeschriebenen Stoffe zu schreiben, zwang mich, die Geschichte einiger meiner ungeschriebenen Stoffe zu rekonstruieren. Indem ich meine alten Fabeln aufgriff, griff ich mich selber auf, allzusehr bin ich mit meinen Stoffen verwoben und in sie eingesponnen. Mein Irrtum, mein Schreiben sei dem gewachsen. Allzu leichtfertig ließ ich mich auf ein Unternehmen ein, dessen Ende nicht abzusehen war. Es ging mir wie mit dem *Turmbau zu Babel*, den ich einmal plante und begann: ich mußte ihn abbrechen, um mich von ihm zu befreien. Was blieb, sind seine Trümmer.« *Friedrich Dürrenmatt*

»Diese Autobiographie als Geschichte einer literarischen Werkstatt verliert sich nicht in klatschsüchtiger Geschwätzigkeit, in Rechtfertigungsplädoyers oder kapriziöserAnekdotensucht. Im Gegenteil.«
Frankfurter Allgemeine Zeitung

»Faszinierende Spurensicherung – zwischen Autobiographie und Dokumentation: der literarische Riese, gelassen, souverän.« *Die Zeit, Hamburg*

»Dürrenmatts ›Steinbruch‹, eine Riesenfundgrube. Das aufregendste Buch seit langem: kein einziger Schritt auf dem Trampelfeld herrschenden Einverständnisses.« *Tages-Anzeiger, Zürich*

»Ein erzählerisches Labyrinth, das ein großartig böses Spiegelbild vom Pandämonium unserer Welt liefert.« *Norddeutscher Rundfunk, Hamburg*

»Ein Riesenepos, das ein Jahrhundertwerk werden könnte.« *Deutsche Welle, Köln*

Gedankenfuge

»Die in der *Gedankenfuge* zusammengefaßten Texte sind zwar bis auf einen vom Autor fertiggestellt und in einer letzten Reinschrift überliefert, doch läßt sich an ihnen die Verfertigung der Geschichten beim Erzählen noch besser beobachten als in den zuvor veröffentlichten Stoffen. Wenn man für Dürrenmatts *Stoffe* ebenso wie für seine Geisteshaltung ein Vorbild suchen wollte, würde man es am ehesten in den ›Versuchen‹ Montaignes finden. Auch Dürrenmatt teilt sich vor allem selber mit, auch er erzählt nur, will nicht lehren, gar ein System aus seinem Denken machen. Seine Aufmerksamkeit gilt den großen Mythen des abendländischen Geistes ebenso wie den Randfiguren, doch an diesen entzündet sich seine eigentliche Neugierde. Und wenn wir ihn heute lesen, spricht er mit uns, soviel Mündlichkeit sprudelt in allem, was er zu Papier gebracht hat: ›Stoff… ist die unmittelbare Antwort des Menschen auf sein Erleben.‹« *Gert Ueding / Die Welt, Bonn*

»Das halbe Dutzend Betrachtungen dieses Buches komplettiert nicht nur Dürrenmatts gesammelte Werke, es ist auch ein großes Lesevergnügen: teils dichterische Philosophie, teils philosophische Dichtung. Ein apokalyptischer Schatten fällt auf diese späte, postum veröffentlichte Prosa wie auf dem Titelbild des Buches, einem Ausschnitt aus Dürrenmatts Gemälde ›Letzter Angriff‹: es ist der Angriff seiner Totenvögel.« *Georg Hensel / FAZ*

Friedrich Dürrenmatt
im Diogenes Verlag

Molières Komödien
in sieben Einzelbänden

»Hans Weigel hat für Molière das geleistet, was einst
Schlegel für Shakespeare tat: er hat ihn uns erobert.«
Volksblatt, Wien

»Molière liest sich vortrefflich und wird sich immer
vortrefflich lesen, weil er nicht nur voll echtem Gefühl
und edler Gesinnung, sondern vor allem auch voll jener durchsichtigen Klarheit ist, die, an und für sich
schon ein Zauber, diesen Zauber durch *Bonsens* und
gute Laune, durch Witz und Grazie beständig zu ver-
doppeln weiß. Er ist sentenziös wie Larochefoucauld,
erreicht aber größere Wirkung, weil seine Sentenzen
nicht bloß in der Luft herumfliegen, sondern be-
stimmte persönliche Träger haben und aus ganz be-
stimmten Situationen heraus erwachsen.«
Theodor Fontane

Die Komödien in der Neuübertra-
gung von Hans Weigel, jeder Band mit
Titelkupfern aus der ersten französi-
schen Gesamtausgabe. Im Anhang des
letzten Bandes ein Nachwort des
Übersetzers und eine Chronologie der
Stücke

Der Wirrkopf / Die lächer-
lichen Schwärmerinnen
Sganarell oder Der ver-
meintlich Betrogene

Die Schule der Frauen
Kritik der ›Schule der
Frauen‹ / Die Schule der
Ehemänner

Tartuffe oder Der Betrüger
Der Betrogene oder
George Dandin
Vorspiel in Versailles

Don Juan oder Der steiner-
ne Gast / Die Lästigen
Der Arzt wider Willen

Der Menschenfeind
Die erzwungene Heirat
Die gelehrten Frauen

Der Geizige / Der Bürger
als Edelmann / Der Herr aus
der Provinz

Der eingebildete Kranke
Die Gaunereien des
Scappino

Als Ergänzungsband liegt vor:

Über Molière
Zeugnisse, Essays und Aufsätze von
Anouilh bis Voltaire. Mit Chronik
und Bibliographie. Herausgegeben
von Christian Strich, Rémy Charbon
und Gerd Haffmans

Sławomir Mrożek
Gesammelte Werke im
Diogenes Verlag

»Mrożek ist ein engagierter Schriftsteller – also hält er die Literatur nicht für eine erhabene Spielerei mit Worten, sondern für ein Mittel, auf die Menschen zu wirken. Er ist Humorist – also meint er es besonders ernst. Er ist Satiriker – also verspottet er die Welt, um sie zu verbessern. Er ist Surrealist – also geht es ihm um die Wirklichkeit, die er mit überwirklichen Motiven verfremdet, um sie zu verdeutlichen. Er ist ein Mann des Absurden – also zeigt er das Widersinnige, um die Vernunft zu provozieren.« *Marcel Reich-Ranicki*

Striptease
und andere Stücke
Aus dem Polnischen von Ludwig Zimmerer. Inhalt: *Polizei, Auf hoher See, Karol, Striptease, Das Martyrium des Piotr O'Hey, Der Truthahn.*

Tango
und andere Stücke
Deutsch von Christa Vogel und M. C. A. Molnar. Inhalt: *Eine wundersame Nacht, Zabawa, Der Kynologe am Scheideweg, Der Tod des Leutnants, Tango, Der Hirsch, Racket-baby.*

Der Botschafter
und andere Stücke
Deutsch von Christa Vogel und M. C. A. Molnar. Inhalt: *Der Botschafter, Ein Sommertag, Alpha, Der Vertrag, Das Portrait, Die Witwen.*

Die Giraffe
und andere Erzählungen
Deutsch von Christa Vogel und Ludwig Zimmerer

Die Geheimnisse des Jenseits
und andere Geschichten
Deutsch von Christa Vogel

Weitere Werke in Vorbereitung!

Georg Büchner

Werke und Briefe

Herausgegeben und mit einem Vorwort
von Franz Josef Görtz. Mit einem Nachwort
von Friedrich Dürrenmatt

Eine sorgfältig edierte, auf der historisch-kritischen Ausgabe beruhende und trotzdem gut lesbare Ausgabe für Nicht-Philologen. Enthält die Dichtungen *Lenz, Dantons Tod, Leonce und Lena* und *Woyzeck*, das Pamphlet *Der Hessische Landbote*, die Vorlesung *Über Schädelnerven* sowie *Briefe*, von denen einige bisher noch nie in einer Büchner-Ausgabe erschienen sind.

»Der liebe Gott hat die Welt wohl gemacht, wie sie sein soll, und wir können wohl nicht was Besseres klexen, unser einziges Bestreben soll sein, ihm ein wenig nachzuschaffen... Da wollte man idealistische Gestalten, aber alles, was ich davon gesehen, sind Holzpuppen. Dieser Idealismus ist die schmählichste Verachtung der menschlichen Natur. Man versuche es einmal und senke sich in das Leben des Geringsten und gebe es wieder in den Zuckungen, den Andeutungen, dem ganzen feinen, kaum bemerkten Mienenspiel... es darf einem keiner zu gering, keiner zu häßlich sein, erst dann kann man die Menschen verstehen.« aus: *Georg Büchner, Lenz*

»Es gibt in deutscher Sprache kein grandioseres Volksstück als den *Woyzeck* und im Umkreis der nachklassizistischen Dramatik keine blutvollere Historie als *Dantons Tod*.« *Egon Friedell*

Patrick Süskind
im Diogenes Verlag

Der Kontrabaß

»Dem Autor gelingt eine krampflösende Drei-Spezia-
litäten-Mischung: von Thomas Bernhard das Insistie-
rende; von Karl Valentin die aus Innen hervorbre-
chende Slapstickkomik; von Kroetz die detaillierte
Faktenfreude und eine Genauigkeit im Sozialen.«
Münchner Merkur

»Was noch kein Komponist komponiert hat, das
schrieb jetzt ein Schriftsteller, nämlich ein abendfül-
lendes Werk für einen Kontrabaß-Spieler.«
Dieter Schnabel

Seit Jahren das meistgespielte Stück auf den deutsch-
sprachigen Bühnen!

Das Parfum
Die Geschichte eines Mörders

»Ein Monster betritt die deutsche Literatur, wie es seit
Blechtrommler Oskar Matzerath keines mehr gegeben
hat: Jean-Baptiste Grenouille. Ein Literaturereignis.«
Stern, Hamburg

»Wir müssen uns eingestehen, die Phantasie, den
Sprachwitz, den nicht anders als ungeheuerlich zu
nennenden erzählerischen Elan Süskinds weit unter-
schätzt zu haben: so überraschend geht es zu in seinem Buch, so märchenhaft mitunter und zugleich so
fürchterlich angsteinflößend.«
Frankfurter Allgemeine Zeitung

»Anders als alles bisher Gelesene. Ein Phänomen, das
einzigartig in der zeitgenössischen Literatur bleiben
wird.« *Le Figaro, Paris*

»Eine der aufregendsten Entdeckungen der letzten Jahre. Fesselnd. Ein Meisterwerk.« *San Francisco Chronicle*

Die Taube

In fünf Monaten wird der Wachmann einer Pariser Bank das Eigentum an seiner kleinen Mansarde endgültig erworben haben, wird ein weiterer Markstein seines Lebensplanes gesetzt sein. Doch dieser fatalistische Ablauf wird an einem heißen Freitagmorgen im August 1984 jäh vom Erscheinen einer Taube in Frage gestellt.

»Ein rares Meisterstück zeitgenössischer Prosa, eine dicht gesponnene, psychologisch raffiniert umgesetzte Erzählung, die an die frühen Stücke von Patricia Highsmith erinnert, in ihrer Kunstfertigkeit aber an die Novellistik großer europäischer Erzähltradition anknüpft.« *Rheinischer Merkur, Bonn*

»Nicht nur riecht, schmeckt man, sieht und hört man, was Süskind beschreibt; er ist ein Künstler, auch wenn es darum geht, verschwundenes, verarmtes Leben in großer innerer Dramatik darzustellen. Eine Meistererzählung.« *Tages-Anzeiger, Zürich*

»Kaum Action hat die Geschichte, aber sie kommt wie ein Orkan über einen.« *Expreß, Köln*

Die Geschichte von Herrn Sommer

Mit zahlreichen Bildern
von Sempé

Herr Sommer läuft stumm, im Tempo eines Gehetzten, mit seinem leeren Rucksack und dem langen, merkwürdigen Spazierstock von Dorf zu Dorf, geistert durch die Landschaft und durch die Tag- und Alpträume eines kleinen Jungen…

Erst als der kleine Junge schon nicht mehr auf Bäume klettert, entschwindet der geheimnisvolle Herr Sommer.

»Eine klassische Novelle.«   *Der Spiegel, Hamburg*

»Ein poetisches, filigranes Märchen aus der Kindheit, voll bittersüßer Nostalgie.«
SonntagsZeitung, Zürich

»Die typische Süskind-Mischung aus teils poetisch Zartem, teils Gewitztem.«
Joachim Kaiser/Süddeutsche Zeitung, München

»Patrick Süskind erzählt mit einer selbstverständlichen Leichtigkeit, die dennoch nichts vom Schmerz der frühen Jahre unterschlägt. Er trifft genau den richtigen Erinnerungston zwischen Komik und Sehnsucht.«   *Frankfurter Allgemeine Zeitung*